U0129722

刘禹锡传

纵有疾风起，人生不言弃

胡狼拜月——

著

民主与建设出版社
·北京·

序 言

"诗言志"，那些传诵千古的诗句，背后都是诗人的满腔抱负和情感寄托。

或潇洒不羁如李白"仰天大笑出门去，我辈岂是蓬蒿人"，或沉郁悲悯如杜甫"安得广厦千万间，大庇天下寒士俱欢颜"，或恬静淡泊如王维"深林人不知，明月来相照"……

历代诗人们，文采斐然，用文字勾勒出各自的人生画卷。然而，"文章憎命达，魑魅喜人过"，理想受挫被贬谪，与亲友生离死别，面临人生的种种低谷，他们又该如何应对？

或顾影自怜，或寄情山水，求仙问道，或豁达自洽，在诗人们的笔下，留下了风格各异的诗词。

在这当中，若说起总是以积极乐观示人的唐朝诗人，大概"诗豪"刘禹锡得排在前列。

幼年身患疾病，家人求医问巫，受尽治疗的痛苦，但他自学成才，熟悉医学理论和药方，少年高歌"丈夫无特达，虽贵犹碌碌"；

后半生命途多舛，他却始终昂扬向上，愈挫愈勇，连背影都写满了不服输，"种桃道士归何处，前度刘郎今又来"；

别人想看他哭，他偏要笑得痛快，"晴空一鹤排云上，便引诗情到碧霄"。

出身庶族，仕途如过山车，他却始终高歌向前，旷达的心性，更是感染着周围的每一个人。

文坛领袖、政坛掌权者乃至世外诗僧和民间歌唱家，都是他交往的对象：

少年天才柳宗元，是他的生死好友，两人留下独一无二的刘柳绝唱；

"百代文宗"韩愈，与他时而亲近时而疏远，别扭了一生，却依然是朋友；

新乐府运动倡导者白居易，晚年和他相伴养老，自夸"刘白二狂翁"；

政见不同的武元衡，给他写诗不忘寄上贵重礼物；

朝中牛李党争势如水火，却不影响两党各自的代表人物牛僧孺和李德裕与他吟诗作对，诗词唱和。

听闻元稹遭遇不公，远在荒凉之地的刘禹锡给对方寄去石枕安慰并鸣不平；

挚友柳宗元郁郁而终，刘禹锡为其整理文集，抚养其长子成才；

在人生最低谷的朗州，刘禹锡抒发内心情怀，带动桃源"旅游热"；

连州五年，他兴学重教，开一代文风，以药方造福岭南百姓；

苏州水灾后，他开仓赈灾，免除赋税徭役，重现鱼米之乡的丰饶。

刘禹锡的一生，几乎涵盖了整个中唐时期。

在这七十一年中，有决定中晚唐命运的"建中之乱"，藩镇割据严重，宦官掌权作乱，皇帝仓皇出逃，宰相横死街头。

日趋白热化的党政之争，你方唱罢我登场，政局愈发混乱。

如果王朝气数已尽，大不了集体归隐，抱怨几句天道不公，生在当下，或者等待能人横空出世，力挽狂澜，苦等新朝新气象。

然而皇帝时而奋起，时而昏聩，大家也只能打起精神，寻找自己的方向。

这一时期诗歌流派最多，诗歌数量也最多，更有各种现实主义的诗文传世：

白居易拉着元稹搞新乐府运动，韩愈与柳宗元掀起古文运动，李贺高唱"报君黄金台上意，提携玉龙为君死"去敲韩愈的门，李商隐登上乐游原叹息"夕阳无限好，只是近黄昏"……

要说刘禹锡，自然离不开他身处的时代，离不开他周围的朋友，离不开他走走停停的各处州府。

还有那些随着历史更迭，真假难辨的话题：

刘禹锡真的是中山靖王后裔？

《陋室铭》真的是刘禹锡所写？

刘禹锡真的是因为一首桃花诗被贬出京城？

唯一没有争议的，大概是刘禹锡那颗豁达乐观、永不言弃的少年之心。

如果此刻你也感到低落，不妨翻开这本书，走近这个满腔豁达、傲骨一生的刘禹锡，感受这份旷达之心。

目 录
contents

附　录　　　　/237

第一章　花开时节动京城

中原人士

渔阳鼙鼓阵阵敲响，繁华盛唐如同梦中美人被惊醒，仿佛绚烂的泡沫被戳破，无数人神往的大唐王朝，因安史之乱的爆发被拦腰截断，王朝的气韵就此不复过往，只剩下落日余晖。

"宫室焚烧，十不存一。百曹荒废，曾无尺椽，中间畿内，不满千户……人烟断绝，千里萧条"，战火连绵数年，对内唐代宗平定安史之乱，对外依靠名将郭子仪，终于换来关中地区十年多的安宁。

也正是在这样相对安稳的时局下，唐代宗大历七年（772年），刘禹锡出生了。

刘禹锡祖籍洛阳，世代官儒，母亲出自范阳卢氏，受家族家风的影响，卢氏知书达理，温柔贤良。

如果没有意外，这样家庭出生的刘禹锡，大概会像那个年代的普通士子一样，学习，成长，走上仕途，顺遂一生。

然而在时代巨变的背景下，历史车轮碾过，个体的命运如同飘絮，随风四散。

刘禹锡的父亲刘绪本来准备赴京参加进士考试，却碰上天宝末年安史之乱爆发，全家保命要紧，随族人一同东迁，搬到江南，辗转飘零，最后定居在嘉兴。

相对于早早生子的古人而言，刘绪夫妇孕育孩子的时间算是比较晚的，卢氏三十多岁才生下刘禹锡。

刘禹锡曾多次说到自己没有兄弟姐妹的伶仃状况，并没提到父母此前有过其他孩子，"同生无手足之助，终岁有病贫之厄""内无手足之助，外乏强劲之亲"，可见刘绪夫妇应该只有刘禹锡一个孩子，自然倾注了最大的爱意与希望在刘禹锡身上，为其今后乐观的性格营造了温暖的成长环境。

大抵因为这样，刘禹锡养成了广交朋友的性格，无论今后仕途得意也好，困顿失意也罢，同他诗词唱和的知交好友，遍布天下，甚至这些朋友中还有彼此是政敌关系的，但在和刘禹锡的往来中，却没有半点嫌隙，足见刘禹锡的才华充盈，性情温和，让人在与其相处中觉得受益匪浅。

古人为了抬高身价，往往会给自己攀附一个非常厉害的祖先，比如唐朝开创者高祖李渊自称是老子李耳的后裔。既然皇家撒谎都这样脸不红心不跳，那么普通人给自己找个厉害的祖先，方便游历天下，也在情理之中。

刘禹锡作为地方小官吏之子，大胆给自己捏造了一个皇室后裔的身份，他在自传中提到自己的先祖，是汉景帝和贾夫人之子刘胜，就是汉昭烈帝刘备常挂在嘴边的"中山靖王"。

反正大名鼎鼎的刘胜有一百二十多个儿子，之后各自开枝散叶，子子孙孙繁衍下去，年代久远，自成一笔糊涂账，称自己为"中山靖王之后"，旁人也难以辨别真假。

姚薇元根据《魏书官氏志》，在自己著作《北朝胡姓考》中论证，刘禹锡应该是匈奴后裔。"此外刘氏之可疑者：……刘亮中山人，父持真，魏领民酋长。……诗人刘禹锡，乃周刘亮之七代孙。诸人皆有胡姓之嫌也。"

更何况，刘禹锡在自传中直接提到自己的七世祖刘亮，"事北朝为冀州刺史、散骑常侍"，这位先祖后来追随北魏孝文帝东迁洛阳，改了汉姓。

怕大家不知道他的祖籍，刘禹锡还事无巨细不止一次地说过，曾祖以上先辈，都葬在洛阳北邙山，后来因地势狭窄，才开始葬在荥阳檀山。

刘禹锡是矛盾的，一方面实实在在地道出自己家乡"家本荥上，籍占洛阳"，一方面又不忘为自己攀附一个皇族身份，这或许与当时的文化环境有关。

博陵崔氏、清河崔氏、范阳卢氏、荥阳郑氏、赵郡李氏、陇西李氏、太原王氏所组成的"五姓七族"，代表了唐代树大根深的豪门望族，这些家族中的子女彼此联姻，在政治上结成派系，在文坛上也引领一时风潮。对于刘禹锡这样一个普通读书人而言，捏造一个不容易被拆穿的皇家后裔身份，混迹于士族子弟中会更有谈资，也没那么容易受到嫌弃和白眼，算是一个简易方便的好策略。

后来刘禹锡的朋友们也心知肚明，如老友白居易，文字上默契称呼他"彭城（今江苏徐州）刘梦得"，称赞他"诗豪者也。其锋森然，少敢当者。予不量力，往往犯之"。

刘禹锡的母亲卢氏生子之前，曾梦到大禹赐子，想到《尚书·禹贡》里"禹锡玄圭，告厥成功"，便给他取名"禹锡"。

翻译过来就是舜赐给大禹一块玉圭，以彰显其治水之功。父母为孩子定下这样的名字，足以想见其背后蕴含的巨大期望。

《释史》（卷十一）中曾说："禹母修纪，感命星贯昴，梦接而生禹。"修纪做了一个梦，生下大禹。刘禹锡的表字"梦得"，或许来源于此。

背负父母这样的期望，刘禹锡要实现却没那么容易。刘禹锡自小身体就不太好，体弱多病，他后来在《答道州薛侍郎论方书书》中回顾这段经历，跟友人薛景晦说自己在幼儿时期，家人经常抱着他去求医问巫，"针烙灌饵，咺然啼号"，简单的八个字，道尽了一个小孩乃至一个家庭的痛苦回忆。

药罐子里泡大的童年，自然不会愉快到哪里去。

刘禹锡说自己长大后，看到年纪相仿的人，觉得对方健康强壮，自己就会羞愧不如。为什么会觉得羞愧呢？无非是觉得自己没有健康的体魄，让父母为自己的身体忧心，为给自己治病奔波。

普通人像这样，自幼遭受疾病的折磨，要么心理崩溃，要么怨恨世道不公，但刘禹锡却不同，他看着自己羸弱的身体，发奋自学医术，从《小品方》到《药对》，再到《素问》，久病成医。

幼年诊治时因苦痛啼哭不已的刘禹锡，在他毕生的诗句中，却没什么抱怨幼年体弱的语句，哪怕是关于自己的疾病，他也说得不是太多。

像和他晚年唱和最多的白居易，现存的诗里有一百多首和医术、疾病有关，且大部分提到眼疾的诗句，都给人一种饱受疾病折磨的脆弱形象。

刘禹锡却不是这样，他拖着患病的身体，努力学习，望闻问切，广泛实践，甚至后来他给薛景晦的回信里不免自夸，说三十年来，自己的医术足以保护自己，就连自家的小孩，也没去外面求医问诊过。

刘禹锡的这种自信不是没有来由的，他被贬连州（今广东连州）时，当地医疗资源匮乏，薛景晦给他寄来自编的《古今集验方》，他读后倍感振奋，便将自己过去积累的医方经验汇集起来，将这五十余方编纂成书，取名《传信方》。

居住地相对安稳，父母始终陪伴在身边，没有经历太多生离死别，也没有世家大族包袱，刘禹锡的家庭在某种程度上来说，普通却又充满爱意，正是因为这样的守护和陪伴，才给予了刘禹锡面对一切困难的勇气和底蕴；幼年跟病魔斗争的经历，也让他学会了坦然笑对磨难和苦痛。

京杭运河畔，水陆并通，商贾云集，舟车如鳞，集市繁忙热闹，家家户户河流环街，门前水塘，网鱼捞鳖。童年的记忆不多，但占据着他心中的一分温柔。河面的波光，照壁的色彩，沉浸在这样的时光中，刘禹锡看到了时间，看到了自己。

长于江南

随着年纪渐长，幼年的刘禹锡进入文学启蒙阶段，他聪颖好学，"喜与属词者游，谬以为可教。视长者所行止，必操觚从之"，他的拜师运气也不错，得以追随诗僧皎然、灵澈学习。

湖州人皎然是南朝山水诗人谢灵运的十世孙，在诗词、佛学，乃至茶艺上都有非常高的造诣，严羽在《沧浪诗话》中盛赞他的诗"在唐诸僧之上"。

刘禹锡的另一位启蒙恩师，诗僧灵澈，同样也是文采斐然，禅理深厚，"以文章接才子，以禅理说高人，风仪甚雅，谈笑多味"。

刘禹锡曾说灵澈在湖州时，赋诗两千首，他筛选出三百篇，编成十卷《澈上人文集纪》，追忆过往，他还不忘借老师之口夸自己两句，"时予方以两髦执笔砚，陪其吟咏，皆曰孺子可教"。

刘禹锡年幼时追随这样两位老师学习诗词，从诗风来说，与其后来的豪爽风格似乎并不太贴合，但另一程度上，皎然和灵澈对于禅理的理解，潜移默化地训练了刘禹锡的思辨能力，后来他的文章深入浅出，论理清晰，文采之外有着很强的实用性，跟早期的学习经历不无关系。

追随两位老师的经历，也让刘禹锡对佛教多了一丝亲近，在后来的贬谪生涯中为他找到了一个情感宣泄的渠道，终其一生，刘禹锡留下了不少同其他诗僧结交、送别的诗句，晚年更是同信奉佛教的白居易有了更多共同语言。

灵澈的好友刘长卿曾有一首送别诗《送灵澈上人》，为我们勾勒了刘禹锡这位老师的清寂形象：

> 苍苍竹林寺，杳杳钟声晚。
> 荷笠带斜阳，青山独归远。

　　暮色苍茫，风吹叶动，影影绰绰的竹林寺外，传来阵阵钟声，随着晚钟一声声敲响，戴着斗笠的行人，披着斜阳余晖，向着远处的青山，渐行渐远，闲淡的氛围下，韵味悠长。

　　后来刘禹锡父亲的朋友权德舆，回忆刘禹锡当年好学的模样，说他还是个小孩时，就已经学习儒家经典，成年后待人接物谦虚恭敬，礼数上文雅周详。纵然没有神童、天才这样的美誉，但刘禹锡也属于早慧的孩子，天赋不低。

　　安居江南，山水风光如画，寺庙禅音淡泊，让刘禹锡的心境变得宁静开阔，这种精神上的富足，给养了他的一生。

　　相对江南的宁静，华北乃至中原地区爆发了一场战乱，绵延数年，不但影响了刘禹锡，更牵连着整个唐朝的命运，彼时刘禹锡才十岁。

　　安史之乱爆发时，还只是个十四岁少年的李适，跟随其他皇室成员外逃，经历了战火和暴乱，生母睿真皇后更因此生死不明，在李适心中留下了终身难以磨灭的阴影。

　　因此三十八岁继位的唐德宗李适，登上皇位就想肃清安史之乱留下的最大祸患：各地节度使拥兵自立，藩镇割据日益严重。

　　建中二年（781年），唐德宗发动针对魏博、成德、淄青和山南东道四镇的讨伐战争，誓要肃清藩镇之乱。

　　只可惜，唐德宗空有削藩的决心，却在施政上识人不准，用兵上极为苛刻，最终导致军事哗变：叛乱的泾原军攻占长安，唐德宗仓皇出逃至奉天，朱泚闯入宣政殿，自称大秦皇帝，改元应天，大刀阔斧的削藩变成一场闹剧。

　　出逃的唐德宗被叛军包围一月多，令朝廷威严扫地，更使颜真卿等名臣相继为国殉难，死状惨烈。

　　《资治通鉴》非常真实地还原了当时皇家仓皇出逃的悲凉场景：

　　"……至是，上召禁兵以御贼，竟无一人至者。贼已斩关而入，上乃与王贵妃、韦淑妃、太子、诸王、唐安公主自苑北门出，王贵妃以传国宝系衣中以从。"

皇帝召集禁兵抵御叛军，竟然没有一人响应，简直太过讽刺，足见唐德宗的统治有多么不得人心。

后来唐德宗下《罪己诏》，承认削藩是错误的决定，重新任命亲信宦官为禁军统帅，联手各节度使，直到兴元元年（784年），长达几年的泾原兵变才宣告结束。

这场战火让原本就风雨飘摇的大唐，更加摇摇欲坠。

经此一役，唐德宗彻底放弃削藩想法，并且更加依赖宦官，朝中的政治氛围更加凝重，唐德宗对周围人的猜忌一日更比一日浓。

比如唐德宗一方面颁布大赦诏书，又追念忠臣，罢朝五日，盛赞颜真卿"拘胁累岁，死而不挠，稽其盛节，实谓犹生"；一方面，对被朱泚劫持后被迫献诗的女道士李季兰，唐德宗则下令乱棒杖杀，杀鸡儆猴。

刘禹锡远在江南，躲过了战火的包围，相对稳定的成长环境，培养了他坚韧的心志。

他的好朋友柳宗元则没这么好的运气。幼年的柳宗元跟母亲居住在长安，目睹了朝廷的腐败，经历了天子出逃的动荡，为躲避战乱来到父亲任职的地方，又遭遇了战火的波及，目睹人性极端的善与恶，跌跌撞撞地成长。

江南的山水再美，依旧留不住少年兼济天下的心，这里是刘禹锡心中最温情的所在，却不是他的归宿。

一转眼便十九岁了，大抵刘禹锡的身体状态相对平稳，他终于可以收拾行囊，前往洛阳、长安游学，他的才学与谈吐，在进士考试之前，就为他赢得了不少美誉。

后来刘禹锡通过一首《谒柱山会禅师》在朗州（今湖南常德）回顾这段少年往事，诗的前半段可谓道尽了刘禹锡当时的神采飞扬：

我本山东人，平生多感慨。弱冠游咸京，上书金马外。

> 结交当世贤，驰声溢四塞。勉修贵及早，狃捷不知退。
> 锱铢扬芬馨，寻尺招瑕颣。淹留郢南鄙，摧颓羽翰碎。
> 安能咎往事，且欲去沉痗。吾师得真如，自在人寰内。
> 哀我堕名网，有如翾飞辈。瞳瞳揭智炬，照使出昏昧。
> 静见玄关启，歆然初心会。凤尚一何微，今得信可大。
> 觉路明证入，便门通忏悔。悟理言自忘，处屯道犹泰。
> 色身岂吾宝，慧性非形碍。思此灵山期，未来何年载？

上疏天子，结交名流，扬名四海，这长安城，必然会是未来自己久居的地方啊。

对于这次科考，刘禹锡想来是志在必得，信心满满，赴考途中经过华山，他挥挥洒洒写下一首《华山歌》，借着歌颂华山的奇险雄壮，将自己的一腔抱负抒发得淋漓尽致：

> 洪炉作高山，元气鼓其橐。俄然神功就，峻拔在寥廓。
> 灵踪露指爪，杀气见棱角。凡木不敢生，神仙聿来托。
> 天资帝王宅，以我为关钥。能令下国人，一见换神骨。
> 高山固无限，如此方为岳。丈夫无特达，虽贵犹碌碌。

气势雄伟的高山自是无限多，然而只有华山这样的才称得上"岳"。就像大丈夫，如若没有显著的功绩，纵然身份尊贵，也不过是平庸之辈。

华山享有"奇险天下第一山"的赞誉，道路蜿蜒狭窄，两边绝崖深谷，面对这样奇绝的高山，少年刘禹锡胸中的豪情壮志与人生追求不禁升腾。

此作是刘禹锡留存诗文中最早的一首，已能看到他后来贯穿诗作的豪情。

也难怪刘禹锡当时会这么慷慨激昂，在他参加科举考试前一年，恰好是唐朝有名的龙虎榜，录取进士有韩愈、崔群、王涯等二十三人，后来多数成为朝中重臣和地方高官，文采也不遑多让，可谓是百里挑一、人才荟萃。

廉相陆贽坐镇，自许"上不负天子，下不负所学"，尽心尽力地选拔人才，这样的背景下，身怀才华和治国理想的刘禹锡想不激动也难，对于考试自然是满怀期待。

这次考试，是刘禹锡人生中最顺遂的一段历程，不但为他带来荣誉，还带来友谊。

三登文科

考试没有太多意外，刘禹锡一举考中进士，同榜登第的还有他初结识的好朋友，小自己一岁的柳宗元。

学而优则仕，然而按照唐朝制度，通过礼部的进士考试，只是有了入仕资格，想入朝为官，还需要参加吏部主持的博学鸿词科考试。

比起旁人，刘禹锡要幸运得多，仿佛是坐火箭一般，完成了别人好几年都难以达到的目标。这一年他顺利登博学鸿词科，两年后通过了吏部取士科的考试，授太子校书。

这时他才二十四岁，风华正茂。

"春风得意马蹄疾，一日看尽长安花。"长安的繁华，似乎才刚刚向他拉开序幕。

想想白居易不过是占了同届中举者的年龄优势，二十七岁自豪写下"慈恩塔下题名处，十七人中最少年"之句。

比起来，少年得志的刘禹锡和柳宗元自然要更恣意自豪许多。

更不用说同一时代的韩愈，进士考了四次，博学鸿词科考了四次，前前后后加起来，足足考了十五年。

尽管是考运颇佳，但对于刘禹锡这样的庶族子弟来说，皇城的天，依然很高，他需要结交一些士族子弟和社会名流，诸如李益、王叔文等，为今后的仕途打下基础。

另一方面，一个有着同样需求的人出现了——来自没落士族的嫡长子柳宗元。

柳宗元祖籍河东（今山西永济），母亲卢氏同样属范阳卢氏，世代为官，却因政治和战乱日渐没落。

柳宗元的父亲四处为官。背负振兴家族命运的柳宗元，幼时就有神童的赞誉，十三岁时就有高官请他撰写平复叛乱的文章。

背负着这样的光环，十六岁的柳宗元就参加了进士考试，只可惜两次不中，等到他与刘禹锡同年登第时，尽管有着二十一岁的少年天才头衔，但内心不是没有遗憾。

更可惜的是，柳宗元中举没多久，父亲便去世了，柳宗元不得不回家丁忧三年。柳宗元与刘禹锡这段刚刚开始的友情，两人倒没太放在心上，毕竟匆匆一别，不知何日相聚，相见难料。

守孝期结束后，柳宗元被安排到秘书省任校书郎，两年后考过了博学鸿词科，之后外放做官，任职蓝田县尉。

刘禹锡在太子校书上只干了一年，刘禹锡的父亲刘绪就病逝了，刘禹锡只能从长安奔赴扬州去料理丧事，带着父亲的尸骨返回故乡，跟柳宗元没什么见面的机会。

这一时期，他写下一首政治讽喻长诗《马嵬行》，抨击权贵骄奢，没有政治远谋：

> 绿野扶风道，黄尘马嵬驿。路边杨贵人，坟高三四尺。
> 乃问里中儿，皆言幸蜀时。军家诛戚族，天子舍妖姬。
> 群吏伏门屏，贵人牵帝衣。低回转美目，风日为无晖。
> 贵人饮金屑，倏忽舜英暮。平生服杏丹，颜色真如故。
> 属车尘已远，里巷来窥觑。共爱宿妆妍，君主画眉处。
> 履綦无复有，履组光未灭。不见岩畔人，空见凌波袜。

邮童爱踪迹，私手解擘结。传看千万眼，缕绝香不歇。

指环照骨明，首饰敌连城。将入咸阳市，犹得贾胡惊。

马嵬驿，更多时候作为杨贵妃被杀之地为人所熟知。《太平寰宇记》里记载："马嵬故城，一名马嵬坡，马嵬，姓名也，于此筑城以避难……唐天宝末年，玄宗西幸次马嵬驿，为禁军不发，杀杨妃于此。"

路边野草丛生，马嵬驿遍布黄土，长眠于此的杨贵妃，墓上聚积的尘土，已三四尺高，问起来，旁人说是唐玄宗逃难时留下的。

接下来镜头非常残酷地记录下杨贵妃被杀一幕，士兵诛杀外戚杨国忠，唐玄宗为了江山舍弃贵妃。

刘禹锡并没有人云亦云地支持红颜祸水论，反而是对杨贵妃的命运充满同情和怜惜，他写贵妃的美貌，低头回转美目流盼，日月无光；写贵妃之死，被迫吞金，如朝开暮落的木槿花一般凋落，死状平静，颜色如生，大概是平时服用杏丹的缘故。

关于杨贵妃的死亡，一般说法是被缢死在佛堂梨树下，或者为乱军所杀，死于兵刃之下，刘禹锡诗中却称吞金而亡，大抵是觉得这样更能承接后文写贵妃生活的富贵奢华。

诗歌后半段，借由百姓的视角，观察杨贵妃的服饰打扮，几乎是拿放大镜一样，放大了贵妃留下的点点滴滴，侧面描写这些上层贵族的奢靡生活：

贵妃的鞋子不见了，上面的光彩还没散灭；

贵妃的夹袋，哪怕是上面的丝缕被百姓弄破了，依然还有香气；

闪闪发光的戒指，光亮到可以照见指骨内外；

金银首饰，更是价值连城，拿到咸阳集市上，能让异域客商大吃一惊。

刘禹锡这首长诗，比白居易同题材的《长歌行》要早几年，也是比较早的以长篇形式描写杨贵妃之死的诗歌。

相比白居易充满矛盾地歌颂唐玄宗和杨贵妃的长生殿爱情，刘禹锡这首诗，对于杨贵妃的遭遇有着怜惜和同情，但也比较清楚地认知到，贵妃之死，不过是权力斗争、帝王无情的结果，所谓的红颜祸水，不过是拿女子做了牺牲品。

对于杨贵妃所属的上层阶级，刘禹锡却充满批判和谴责之意，奢华繁复的穿着，充满贫富差距的生活，对于社会的平顺，显然是不稳定因素。

可见，刘禹锡对祸国殃民的外戚充满了仇视，对贵族骄奢淫逸生活导致底层百姓生活艰难，有着天然的同情，这也是他后来在永贞革新中态度的一个反映。

在文学创作上，这首讽喻满满的诗作，也为他后来贬宦生涯中各种辛辣的讽刺诗，打开了新的大门。

之后三年，刘禹锡一直在洛阳旧居陪伴母亲。

即便远在东都，刘禹锡也没放下自己的政治理想，然而，这里却没什么人情往来。

也是，哪怕一鸣惊人，三登三科，在旁人眼里，自己不过是个不知名的地方庶子罢了，谁还会记得自己呢？

空有一腔抱负，却不知道该同何人诉说，哪怕将力量化作文字，演绎出这些诗文，又有什么知音人可以同自己唱和？

某天，刘禹锡突然收到一个意外惊喜——来自柳宗元的慰问。

柳宗元得到一块难得一见的叠石砚，马上把石砚寄赠给刘禹锡。

京城这个捧高踩低、遍地势利眼的地方，别说三年之后，就连明日都不知道是什么情况，偏偏有这样一个人，从遥远的京城寄来一件温暖的礼物，对于自幼孤独的刘禹锡来说，当然相当感动。

为此他反复把玩后，写下《谢柳子厚寄叠石砚》一诗表达自己的感谢之情：

> 常时同砚席，寄此感离群。
> 清越敲寒玉，参差叠碧云。

烟岚余斐亹，水墨两氤氲。

好与陶贞白，松窗写紫文。

叠石砚轻敲声如寒玉，参差交叠如云，石头的纹理绚烂，研磨后如水雾朦胧，墨香浓郁，中间两联细致刻画了叠石砚的外形，足见刘禹锡把玩后的喜爱。

当然，比起物件的精致，更重要的是礼物背后的良苦用心。

陪伴母亲的刘禹锡，此刻远在洛阳，身边没有同怀进取之心的朋友们，内心无限寂寥，加上父亲去世，心里的悲伤和思念也挥之不去。

柳宗元这方突然寄来的砚台，一方面是安慰刘禹锡，另一方面何尝不是在督促他，不要荒废学业，不要忘了那些在京城豪情壮志的誓言。

长安的花刚开，鹦鹉杯中的美酒刚温好，打起精神，这群尚未尝到政治毒打的年轻人，还怀揣着一腔热情，想要联手打破笼罩在都城之上的阴云，重现无数人神往的盛唐风光。

自此，刘禹锡和柳宗元的往来热络起来，书信往来，谈天论地，畅想今后种种。

从前，两人不过是赴京赶考萍水相逢的泛泛之交。

这块石砚之后，两人则是志同道合的知交好友。

相逢意气为君饮，文字的交谈拉近了彼此的距离。共同的理想追求，为今后二人身处同一阵营，谋求变革打下了基础。

第二章　我言秋日胜春朝

永贞革新

刘禹锡丁忧快结束时，收到杜佑抛来的橄榄枝，对方以淮南节制检校左仆射兼徐泗濠节度使的身份，邀请刘禹锡到府上担任掌书记一职。

杜佑出身不俗，门荫入仕，六朝元老，三朝宰相，用三十六年时间编撰了一部卷帙浩繁的《通典》，这是我国第一部论述历代典章制度的专史。此外，他更以另一种身份为人们所熟知——杜牧的祖父。

这样一位前辈发来的职场邀请，对于刘禹锡来说，无疑是令人艳羡的，更何况，掌书记也不是什么闲职。

掌书记这一职位的重要性，韩愈曾撰有一篇《徐泗豪三州节度掌书记厅石记》详细说明："书记之任亦难矣！元戎整齐三军之士，统理所部之甿……而又外与宾客四邻交。其朝觐、聘问、慰荐、祭祀、祈祝之文，与所部之政，三军之号令升黜，凡文辞之事，皆出书记。非闳辨通敏兼人之才，莫宜居之。然皆元戎自辟，然后命于天子。"

由此可见杜佑对刘禹锡的看重。杜佑回扬州，刘禹锡在淮南幕府，替他撰写了不少文书，杜佑平叛徐州之乱，刘禹锡同样追随左右。这成了刘禹锡人生中难得的一抹戎马光彩。

这段经历，后来刘禹锡在《上杜司徒书》中提起，充满感激之情，"小人自居门下，仅逾十年，未尝信宿而不侍坐"。

自从居于杜佑门下，十年之间，但凡在府中过夜，一定会被召见。

实际上，刘禹锡在杜佑幕下，重用是有，但处理的杂事也不少，日常各种琐事，包括各种往来答复文章，都需要他来撰写。

当然，刘禹锡没忘记他的初衷，现存刘禹锡为杜佑起草的表奏二十九篇里，除了一些日常的礼赠表书，还包括《论废楚州营田表》《为淮南杜相公论西戎表》等具有政治观点的文章。

比如刘禹锡提出分地予民，减少赋税，这些治世策略，为他后来在永贞革新中整顿财政做了充足理论准备。

才华和努力相伴，终会有发光的时候，刘禹锡在淮南幕府的兢兢业业，深受杜佑赏识，杜佑的知遇之恩，刘禹锡铭记于心。

后来刘禹锡转任渭南主簿，又得到杜佑的推荐，直接被提升任命为监察御史。

同一时期，刘禹锡的挚友柳宗元也由蓝田县尉被提拔为监察御史；他们共同的朋友韩愈同样由四门博士转为监察御史，三人同在御史台任职。

刘禹锡的老上司杜佑也于此时期拜相。

当时，韩愈三十六岁，刘禹锡三十二岁，柳宗元三十一岁。

刘禹锡和柳宗元这对好朋友终于重逢，这次远比初次邂逅感情要亲密得多。

好友变同事，恩师成上司，年轻气盛，大有可为。

哪怕是千年之后，也可以想见，刘禹锡当时的意气风发，恣意盎然。假以时日，着紫袍，佩金鱼袋，功冠群臣，仿佛不再是遥不可及的梦想。

这几年对于刘禹锡和柳宗元来说，是非常珍贵的一段记忆。年少成名，又同年登第，志趣相投，这几年各自境遇相似，书信往来，相互打气。十年之后，终于同在御史台任职，得以日夜相对，共商家国天下事，吟诗作对看长安美景，何其惬意？

只不过命运早已伸出看不见的大手，将所有的欢乐都标上了价码，如今快乐的相聚，只是今后漫长离别苦涩中的一点甜，同在长安相聚的友谊，已进入倒计时。

唐德宗治下的贞元末年，如同唐德宗的心态一般，不复从前。

经历泾原兵变后，唐德宗心灰意冷，一方面重用宦官，忌惮朝臣；一方面注重敛财，新增苛捐杂税，民怨沸腾，以致后世史官对其评价不高："猜忌刻薄，以强明自任，耻见屈于正论，而忘受欺于奸谀。"

可想而知，在这样的政治环境之下，刘禹锡这样的人才想要真正有所作为，怕是不易。

元稹曾在叙诗寄白居易中提到过这段时期的压抑和恐怖："时贞元十年已后（794 年），德宗皇帝春秋高，理务因人，最不欲文法吏生天下罪也。外阃节将动十馀年不许朝觐，死于其地不易者十八九。而又将豪卒悍之处，因丧负众，横相贼杀，告变骆驿，使者迭窥，旋以状闻天子曰：'某邑将某能遏乱，乱众宁附，愿为帅。'"

一方面是京外的官员，动辄十余年不许觐见，令其死于外地；一方面武将嚣张跋扈，听闻其能平息纷乱，立马任命其为帅，简直讽刺。

在这样的高压之下，朝中大臣，"以谨慎不言为朴雅，以时进见者，不过一二亲信。直臣义士，往往抑塞"。白居易也在《论左降独孤朗等状》中直接言明政事之紧张："臣又见贞元之末，时政严急，人家不敢欢宴，朝士不敢过从，众心无憀，以为不可。"

一心想做至圣至明的天子，晚年却变成自己最不愿成为的人。姑息藩镇，一味示弱；重用宦官，将禁军统治权交到宦官手中，以至于后面皇帝的废立都被宦官掌控。

暴风雨前的天空，压抑黯淡，朋友只能相互挽手，奋力奔跑，等到羽翼丰满，如参天大树一般，可以将风雨带来的暴击转化成雨露，滋润到那些低矮的花草之上。

当这浮云遮蔽了天，我们只能努力伸手拨开这浮云，让高高在上的青天，重现光芒，照耀大地上的众人。

如果一个人的力量不够，不妨寻找更多拥有同样梦想的人，借由捷径之梯，尽早靠近那份光芒。

既然当朝天子已刚愎自用，昏聩如此，且年事已高，刘禹锡这样的官场新贵，不由得把变革的希望放在了下一任君主，当时的太子李诵身上。

太子李诵身边，围绕着不少有志于变革之人，当中以王叔文最受李诵器重。

与刘禹锡、柳宗元这样科举出身的天之骄子不同，王叔文是凭借棋艺出色，以及爱读书，喜欢谈论治国策略，而做了翰林待诏，比起府上其他人，他见解独特，敢想敢说，故而在太子府上脱颖而出。

某日论及政事和宫市的弊病，太子说在拜见唐德宗时，会禀告这些见解，在座的人都奉承夸赞太子贤明，唯独王叔文默不作声。

太子出于好奇，事后询问王叔文为什么没有发表意见。王叔文回答说："太子侍奉皇上，除了衣食安稳之外，不应再过问其他事情。陛下在位多年，太子年过而立，如果有小人趁机挑拨离间，让陛下以为太子觊觎皇位，收买人心，太子将如何解释？"

此外，王叔文还搬出武后时来俊臣诬告唐睿宗李旦，唐玄宗时李林甫中伤唐肃宗作为例子。

太子闻言大惊，赶紧点头称是，向王叔文道谢，夸对方想得周到，自此非常尊重他，有什么事情都同王叔文商议。

然而王叔文的才华，却承担不起他的野心，他也知道仅靠自己一人不能成事，于是暗中结交了不少名士，诸如翰林学士韦执谊，以及韩泰、刘禹锡、柳宗元这样急于施展抱负的朝廷新贵，他主动抛出橄榄枝，结为生死之交，他甚至还私下拉拢了一些势力强大的藩镇和军事统帅。

鉴于太子对自己的建议言听计从，王叔文常常对太子说谁谁可以为相，谁谁可以为将，将来您都可以任用他们。但这种举荐更多是根据个人喜好，并非全是真正考虑到政治局势的谋略。

为此，到了宋代，同样热衷变革的王安石，尽管非常推崇刘禹锡、柳宗元等人的才华，但对王叔文的评价却并不高，称刘禹锡等人"一为叔文所诱，遂陷于不义"。

其实，王叔文之所以备受太子青睐，跟李诵这二十多年如履薄冰的太子之路密不可分。

与父亲唐德宗一样，李诵同样经历过安史之乱，当年他还不到十岁，从喧嚣热闹的大唐盛世，到流落街头仓皇出逃的皇孙，这种童年经历也是旁人不多有的。

二十岁时李诵被立为太子，和猜忌成性的父亲不一样，他性格很好，韩愈在《顺宗实录》中称其"慈孝宽大，仁而善断"，写得一手好字，擅长隶书。

李诵与父亲唐德宗也是有过一段父慈子孝的温馨时光，唐德宗每次作诗赏赐给大臣，都是命李诵执笔誊写。泾原兵变时，唐德宗出逃，李诵手持宝剑，带人在后面为父亲断后，更不用说奉天保卫战时，李诵费力拼杀，才保住唐德宗的安全。

然而帝王之家哪有那么多甜蜜时光，权力宝座上沾染的都是鲜血。

太子努力的起点，是现任帝王的终点。

唐德宗关于继承者，心意几度动摇，从亲儿子李诵，到侄子舒王李谊，甚至是李诵的儿子李谊，这种反复，令在太子之位上的李诵，除了战战兢兢，无法再施展更多才华和决断。

舒王李谊是已故昭靖太子李邈的儿子，换言之，如果他爹没有英年早逝，皇位或许还轮不上唐德宗。然而，唐德宗登基后，对这个过继给自己的侄子非但没有嫌隙，反而非常喜欢，甚至打算废掉太子李诵，多亏宰相李泌直言相谏，唐德宗才打消了这一念头。

然而之后唐德宗又将李诵的儿子李谊认作儿子抚养起来，才七岁就封其为邕王，授予开府仪同三司的待遇。没两年，又让李谊兼任泽潞节度使和观察使。

只不过李谊同样短命，贞元十五年（799 年）去世，被追赠文敬太子。

堂兄弟差点取而代之就算了，连亲儿子也跟自己成了兄弟，就连死了都还挂着个太子头衔，这让还活着的太子李诵怎么想？

更糟心的是，之前太子的丈母娘郜国公主闹出丑闻，被幽禁致死，太子妃直接被唐德宗以为太子祈福为由逼死。

王室秘密，同室操戈，对于刘禹锡而言，实在是太过遥远。

一边是帝王之家闻不见人味儿的血腥，一边是诗僧皎然"翛然此外更何事，笑向闲云似我闲"的方外之音，政局的云谲波诡，不是身处边缘的刘禹锡能看懂的。

从赴考到中举，再到授职，一路走来，刘禹锡看到的是宦官为非作歹，是藩镇割据战火连连，是百姓饱受欺压，执笔淮南府，他胸怀的是家国天下，想的是海晏河清。

只可惜，这天下不再是昨日的天下，高高在上的君主，早已自顾不暇，大厦将倾，无人力挽狂澜。

长期生活在皇帝高压之下，太子更加谨言慎行，生怕稍不留神别说太子之位不保，生命恐怕也将堪忧。

因此，据史书记载，李诵担任太子近三十年的时间中，仅就一件政事发表过自己的不同意见，即反对裴延龄、韦渠牟二人当宰相。

李诵亲情缺失，情感匮乏，就连正常的交流也被父亲斩断，更不用说理想和抱负的施展。对于仿佛全方位替自己着想，既帮自己避免父亲猜疑，又为自己笼络人才的王叔文，李诵如同抓住救命稻草，骤然见到一丝光亮，百般信任。

可惜身在沼泽之地，哪有那么容易轻盈脱身，更何况稻草本身也不堪一握。

长此以往，承受着高度精神压力的太子李诵抑郁成疾，贞元二十年（804年）九月，突然中风，失去言语功能。

反倒是到了这个时候，唐德宗才开始对儿子流露出牵挂之情，寻访名医为太子救治，自己更是数次前往探视，忧心儿子的病情，只可惜太子的心病积压已久，病体久久未愈。

到年底，一把年纪的唐德宗自己也病倒了，病情恶化很快。皇帝跟皇太子同时病重，对于尚在风雨飘摇中的大唐王朝来说，不是什么好事。

贞元二十一年（805 年）的春节，举国上下愁云惨淡，哪怕宫中刻意营造出喜庆的氛围，也在两人的病情下被消磨殆尽。

太子卧床，这年新春朝会没能参加，唐德宗为此悲伤叹息，病情也进一步恶化。唐德宗重病之际，王室诸亲都前来侍奉汤药，唯独太子因重病无法成行，对儿子高压教育了大半辈子的唐德宗，在病榻上泪流满面，更加思念这个儿子。

这对父子，一起经历过盛唐之变的安史之乱，行过乡间小路，见过兵乱、民灾。回到都城，那份骨血之情仿佛被权力锈化。

过去父亲赏赐大臣，儿子奉命撰写誊抄；泾原兵变父亲仓皇出逃，奉天保卫战儿子浴血搏杀为其掩护。

之后父亲幽禁姑母，逼杀儿媳，宠爱侄子，立孙为嗣，每一件残酷无情的举措，都以皇权为名，斩断亲缘的联系。

死前互不得见，大概是这对父子关系最好也是最无奈的注解。

这年正月下旬，唐德宗驾崩，尚在病榻上的太子李诵，得以正式继位。

对于长期依附在李诵身边的王叔文等人来说，真正的机会来了。

唐顺宗李诵继位，缠绵病榻，不能主持大局，只能常年在宫中施帷帐，留下宦官李忠言跟牛昭容侍奉身边，以方便传召。

王叔文被授予翰林学士、度支盐铁转运使副使，尽管杜佑兼有度支盐铁使的头衔，但实际上由王叔文一人统管，可见王叔文当时获得的盛宠。

李忠言支持王叔文等变革派，所以王叔文奏请时，都逐一禀告。唐德宗病危时，王伾先进帷帐，接着传召王叔文，王叔文则会拉上刘禹锡和柳宗元，每日的文书批文，皆出自几人之手。

权力到手，职位自然如同坐火箭般飞速上升，王叔文、韦执谊当权，作为政治盟友的刘禹锡被调任屯田员外郎、度支盐铁副使，兼崇陵使判官，柳宗元也升任尚书省礼部员外郎。

皇帝对自己言听计从，朝中各部关键职位皆掌握在自己手中，故而王叔文等人自以为布局已相当完美，火速开始推行改革：

罢宫市五坊（即雕坊、鹘坊、鹞坊、鹰坊、狗坊）使，取消两项宦官敛财弊政；

减停宫中闲杂人员及内侍十来人的俸钱，抑制宦官势力，更联络武将准备夺回禁军兵权；

削弱藩镇割据势力，罢免浙西观察使李锜之职；

罢免宗室京兆尹道王李实之职；

免除百姓苛捐杂税，并放出宫女三百人、教坊女乐六百人还家，与家人团聚。

客观来说，王叔文等人颁布的一系列措施，减少了民怨，尤其是强征暴敛的京兆尹李实被贬，百姓欢呼，甚至袖中藏瓦砾准备袭击他，可见之前深受其苦。

一系列政策疾风暴雨般施行，处在权力中心的刘禹锡也变得异常忙碌。《云仙杂记》中说，每天刘府的看门人能接到多达数千份的文件，刘禹锡逐一回复，为了给信函封口，刘家甚至每天要耗费成斗的面粉做成面糊，盛在绿珠盆中待用。

尽管野史不可全信，但在一定程度上可以印证永贞年间，刘禹锡公务繁忙的程度。

多年后，就连柳宗元也难以忘记那段峥嵘岁月，"仆当年三十三，甚少，自御史里行得礼部员外郎，超取显美"。

风风火火的改革措施，一扫过去数年的沉闷空气，王叔文、刘禹锡等人那叫一个意气风发，尤其是王叔文一直以宰相之才来对待刘禹锡，倘若改革一直顺利，刘禹锡必然能在史书上留下浓墨重彩的一笔。

少年得志，不到三十五岁就进入朝廷核心，功名富贵相伴，前途不可限量，身边的同僚都是至交好友，这样的人生如何不让人羡慕？

事业顺遂，就连婚姻也是一片锦色。刘禹锡三十二岁时与京兆水运使薛謇结识，相谈甚欢，被薛謇选为女婿，第二年与薛氏成婚。

得意时看周围都是一片繁花盛景，人生所有的美好画卷，似乎才刚开始在自己眼前徐徐展开，刘禹锡老年在洛阳写的这首《赏牡丹》，反倒是道尽了他此刻的心情：

> 庭前芍药妖无格，池上芙蕖净少情。
> 唯有牡丹真国色，花开时节动京城。

只可惜，这也是刘禹锡人生最辉煌的时刻。

二王八司马

永贞革新尽管获得了一部分百姓拥戴，但这些措施并没有太大新意，罢免贪官，诏回被前任君主贬出京的官员，乃至减少赋税，释放宫女的政策，几乎前后几代君主都会颁布，而且通过立竿见影的措施，很容易拉拢一部分人心。

但要触及国家最大的毒瘤——藩镇割据和宦官势力，改革派很快就遇到挫折。

王叔文打算把宦官集团踢出神策军，让右金吾大将军范希朝兼任节度使，韩泰做行军司马，只可惜计划被俱文珍识破，没能成功。

另一方面，在看似大刀阔斧却并没触及真正问题的改革下，王叔文等人的内部关系也岌岌可危。

支持改革的关键人物——唐顺宗，始终没有任何好转的迹象，如火如荼施行了几个月的改革，仿佛就是蛛丝上悬挂的千斤之鼎，随时可能丝断鼎坠，依附在这大厦周围的人，朝不保夕。

每每读及此，总会感叹王叔文、刘禹锡等人当局者迷，为什么看不透权势背后的风云突变，熟读经史子集，难道没有一页教会他们居安思危？

对于这一点，王叔文等人何尝意识不到，只不过权力的诱惑，尝过之后，哪怕是刀尖上的蜂蜜，也不愿放手。

权势只会让人滋生迷恋和无穷无尽的贪念，天子与太子，原本就是权力的两端，一朝天子一朝臣，朝堂之下，臣子一开始的选择，就决定了自己人生的后半段路。

唐顺宗久病不愈，群臣观望，都想着早立太子，以防顺宗不测，偏偏王叔文迟迟不愿立太子，毕竟当时的广陵王李纯已逾十六岁，并不是可以随意引导的小孩儿，他和牛昭容更倾向于拥立广陵王同父异母的兄弟们。

王叔文等人把持朝政，不愿立太子，与广陵王李纯早就结下嫌隙，更何况改革派的政敌宦官俱文珍等人在广陵王身边吹耳边风，双方的矛盾自然愈发激化。

包揽大权的王叔文，乃至刘禹锡等人，当走上改革之路时，就把自己的命运同唐顺宗牢牢地绑定在一起，哪怕纤如风筝之线，也只能硬着头皮走下去。只是改革初期各项举措施行非常顺利，他们被迷醉了头脑，丧失了应有的警惕。

烈火烹油的生活之下，暗藏着危机，在权势风暴中心的王叔文等人，对即将到来的风雨还没有一丝危机意识，反倒是后续实施的举措，越来越背离初衷，对于官员的任免，甚至到了全凭自我心意的程度。

比如王叔文当初是以棋艺赢得唐顺宗的青睐，等到自己手握大权，立马罢免当初的同僚，以报昔日对其不屑之仇，其心胸狭隘可见一斑。曾被唐德宗称赞有宰相之才的武元衡，王叔文等人因拉拢之意被婉言谢绝，怀恨在心将其从御史中丞降职为右庶子；侍御史窦群上奏弹劾刘禹锡，攻击对方居心不良不宜留在朝内，当天就被贬谪出京；就连仗着出身不愿依附于王叔文等人的韩皋，也直接被调出任湖南观察使；对刘禹锡有着知遇之恩的老上司杜佑，在王叔文的嚣张态度下，只能选择闭门不问世事；就连王叔文最开始笼络的政治盟友韦执谊，双方也早已撕破脸。

什么门阀大族、豪门世家，在这群新贵眼里统统不屑一顾，发布的诏书由自己撰写，官员的任免全靠自己手中的笔，过去仰望权势之巅，如今俯瞰满朝文武，身居高位，似乎随手便可摘下满天星辰，自信之外，更多了几分嚣张跋扈。

王叔文等人的权势炙手可热，每天家门口昼夜车马如市，客人为了等着求见王叔文、王伾，不得不夜宿在附近的饼店、酒楼之下。

为了巴结王叔文、王伾等人，"珍玩赂遗，岁时不绝"。王伾的品格相当低劣，他甚至在屋里放了没有门的大柜子，只开一个孔，专门用来装旁人行贿的金币跟珍宝，他和妻子就睡在柜子上面。

结交这样的同僚，一心向往升职的刘禹锡和柳宗元，也不免气势凌人，"京师人士不敢指名，道路以目，时号'二王、刘柳'"。

但对于永贞革新时期的政治作为，刘禹锡自认是问心无愧，他后来被贬朗州，向老上司杜佑写信求情，认为自己没有半点徇私之举，而是靠竭尽诚恳来杜绝猜忌，以全心为公来消除别人说坏话，"慎独防微为近隘，谓艰贞用晦为废忠"。

不同于王伾等人的贪污受贿，刘禹锡与柳宗元一心投身于改革中，只不过少年成名，背负天才光环，骤然身居高位，不免眼高于顶。这一时期的嚣张，刘禹锡归因于性格愚昧无知，又初入官场，见识浅薄，少年气傲，不懂当时朝野的风云变幻。

同样，柳宗元在永州时，写信给许孟容，反思这一时期的自己，也是将当初的过错归于年轻气盛，过于追求达到政治目的，结果走偏了路，"年少气锐，不识几微，不知当否，但欲一心直遂，果陷刑法，皆自所求取得之"。

两人的这番说辞，得到了后世的肯定，譬如苏东坡在谈及刘禹锡和柳宗元时，长叹不已："唐柳宗元、刘禹锡，使不陷叔文之党，其高才绝学，亦足以为唐名臣矣！"

可见，对于后世政治家来说，并非全部革新派都得到了认可并收获同情，对于玩弄权术的王叔文等人，旁人更多是持否定态度，种种劣迹都被记录在史册之中，而对于刘禹锡、柳宗元这样真正富有才学，一心想做一番实事的年轻人，大家才怀有惋惜之情。

王叔文独揽大权，专横跋扈的行径，后世史官的评价相当不客气，几乎定为奸佞篡国之辈，说他"沾沾小人，窃天下柄，与阳虎取大弓，《春秋》书为盗无以异"。

不是宰相，却可以支配朝中重臣，势头正盛的王叔文，几乎不将任何人放在眼里。

某日宰相们在中书省用餐，按理百官是不能谒见的。但王叔文直接跑到中书省，说找韦执谊商量事情，甚至把阻拦的值班官员怒骂一顿。

下不来台的韦执谊只能起身去见王叔文，还与他在阁中交谈好久，其他宰相诸如杜佑等人，见韦执谊离开，只能尴尬地放下筷子等他，一顿饭吃得不尴不尬。

没想到后来竟然有传信人来报告，说王叔文要吃饭，韦执谊便与他一起在办公的阁中用餐了。此事之后，贾耽、郑瑜两位威望极高的宰相相继选择归隐家中。

当朝宰相都不放在眼里，一时间，朝野内外更加人人自危，对于改革派等人，不敢非议。

高楼可摘星，可高处不胜寒，云端的日子尽管让人飘飘欲仙，却长久不了。

很快，这场改革之火就燃烧殆尽。

谁也没想到高楼崩塌始于一场丧事——王叔文的母亲去世了。

按照制度王叔文得回家丁忧，告别如今烈火烹油的生活。但三年之后京城早已换了一番天地，回顾之前的种种作为，加上越来越多的政敌，王叔文大概也明白仕途已走到尽头。

王叔文秘不发表，反而在翰林院摆下酒菜，宴请诸位官员，包括宦官李忠言、俱文珍，席上他谎称母亲病重，试探在座者的态度："我一直尽心竭力处理国家事务，只是想报答皇上的重用。一旦我离开现在的职位，各种诽谤就会落到我头上，谁能帮助我呢？"

眼看没人接话，王叔文便讲述自己掌权以来，兴利除弊，将一切功劳都归到自己名下，却被俱文珍拿话反驳，王叔文无言以对，最后不欢而散。

与其说这顿饭是鸿门宴，倒不如说是王叔文提前为自己安排的谢幕宴，想要试探人心，却发现早已失去人心。

改革阵营中，人心异动，王叔文跟韦执谊闹掰；清除宦官势力，抢夺兵权，失败不说，还与俱文珍势同水火；抑制藩镇势力，却与剑南西川节度使韦皋决裂，导致韦皋投靠广陵王一方。

面对唐顺宗一日不如一日的病情，朝中重臣和各地请求立太子，最终诏书颁下，立广陵王李纯为太子。

更为诛心的是，身在礼部的柳宗元不得不撰写一篇《礼部贺立皇太子表》以表忠心，或许私心想着李纯秋后算账自己不至于下场太过凄惨。

听闻这一消息的王叔文，明白大势已去，自己被清理只是早晚的事，因此当场吟诵杜甫题诸葛亮祠堂的诗句，"出师未捷身先死，长使英雄泪满襟"，哽咽不已。

很快，剑南西川节度使韦皋、荆南节度使裴均、河东节度使严绶一同上表施压，请皇太子监国，"伏望权令皇太子监抚庶政，以俟圣躬痊平，一日万几，免令壅滞"，给太子递上笺书，揭露王叔文、王伾的奸恶，"愿殿下即日奏闻，斥逐群小，使政出人主，则四方获安"。

地方藩镇势力，兼有以俱文珍为代表的神策军支持，八月初四，唐顺宗发布禅位诏，称自己久病不愈，愧对先祖，自己称太上皇，令太子继位。

太子连一个月的时间都等不了，另一道诏书随之颁布，太子五天后继位，大赦天下。

八月初九，广陵王李纯继位，史称唐宪宗，为期一百四十多天的永贞革新就此宣告失败。

随着新皇登基，或者说还没等新皇登基，刘禹锡等人的灾难就已经开始：初六，王伾被贬为开州（今重庆开州）司马，王叔文被贬为渝州司户，这两地距京城十分遥远，几乎可以看作是流放了。

唐宪宗继位后没几天，永贞革新的主要人员悉数遭贬：神策行营行军司马韩泰被贬为抚州刺史，司封郎中韩晔被贬为池州刺史，礼部员外郎柳宗元被贬为邵州刺史，屯田员外郎刘禹锡被贬为连州刺史。

清算到这里还不算结束，朝议认为对刘禹锡等人的处罚太轻，或者是唐宪宗耿耿于怀当初革新派反对自己被立太子一事，觉得这样的惩罚不够解气，因此刘禹锡人还没到连州，就又被加贬为朗州司马。

此外，贬韦执谊为崖州司马、韩泰为虔州司马、韩晔为饶州司马、柳宗元为永州司马、陈谏为台州司马、凌准为连州司马、程异为郴州司马，皆是边远地区，为此史称"二王八司马"。

王叔文被贬第二年就被杀死，王伾第二年病死。

昔日，大家自命天之骄子，长安最耀眼的明珠，如今风筝之线被剪断，各自如草籽，被任意撒弃在偏远之地，任其自生自灭。

笔底明珠，藏于山野，胸中才华，付与风中，由云间跌落深渊，殿前的志得意满，仿佛只是传奇笔记中记载的黄粱一梦，可惜梦醒之后没有熟透的小米饭，只有前途未知、生死难料的远方。

天子一怒，伏尸百万，无论你是什么神童或者天才，都只不过是飘散的草芥。

朗州十年

乌云萦绕未散，风暴却提前到来，之前的荣光，不过是一场幻梦，由九霄之上，跌落谷底。

被现实打蒙头的刘禹锡还没反应过来，就得卷土出京，南下去连州，刘禹锡一路走一路跟朋友写诗，消解这突然坠落的愁闷。

途经唐德宗陵墓（今陕西泾阳县崇陵），还能感受到皇室的光芒，都城的云霞似乎还能照到他身上，他寄诗给友人，以表眷恋不舍之情，《赴连山途次德宗山陵寄张员外》写道：

> 常时并冕奉天颜，委佩低簪彩仗间。
> 今日独来张乐地，万重云水望桥山。

走到洛阳，朋友们没有因为他的境遇而冷眼嘲讽，避而不见，反而是置办酒席，热热闹闹地为他饯行。相聚的欢笑暂时冲淡了刘禹锡的一丝愁绪，但接下来的山高路远，民情未知，又让他多了几分离愁，写下这首《赴连州途经洛阳诸公置酒相送，张员外贾以诗见赠，率尔酬之》：

> 谪在三湘最远州，边鸿不到水南流。
> 如今暂寄樽前笑，明日辞君步步愁。

得势时，门庭若市；失意时，全靠故友慰藉。

是谁说这世道尽是捧高踩低，趋炎附势？当你深陷低谷时，依然有人陪你看天高云淡，诗词唱和，伴你走过风雨。

韩愈从阳山县（今广东阳山）出发，去往江陵，十月途经岳阳楼，与当时权领岳州的大理司直窦庠相见，碰上同样经过此地的刘禹锡，大抵是想起杜甫雄浑大气的《登岳阳楼》，韩愈挥笔写下长诗赠予窦庠。

　　刘禹锡即将前往的连州，与韩愈之前所在的阳山县相距不远，或许因为这层缘故，相聚时一时技痒，和了一首长诗《韩十八侍御见示岳阳楼别窦司直诗，因令属和重以自述，故足成六十二韵》：

楚望何苍然，层澜七百里。孤城寄远目，一写无穷已。
荡漾浮天盖，四环宣地理。积涨在三秋，混成非一水。
冬游见清浅，春望多洲沚。云锦远沙明，风烟青草靡。
火星忽南见，月硖方东迤。雪波西山来，隐若长城起。
独专朝宗路，驶悍不可止。支川让其威，蓄缩至南委。
熊武走蛮落，潇湘来奥鄙。炎蒸动泉源，积潦搜山趾。
归往无旦夕，包含通远迩。行当白露时，眇视秋光里。
曙色未昭晰，露华遥斐亹。浩尔神骨清，如观混元始。
戕风忽震荡，惊浪迷津涘。怒激鼓铿訇，癃成山岿礒。
鹍鹏疑变化，罔象何恢诡。嘘吸写楼台，腾骧露鬐尾。
景移群动息，波静繁音弭。明月出中央，青天绝纤滓。
素光淡无际，绿静平如砥。空影渡鹓鸿，秋声思芦苇。
鲛人弄机杼，贝阙骈红紫。珠蛤吐玲珑，文鳐翔旖旎。
水乡吴蜀限，地势东南庳。翼轸粲垂精，衡巫屹环峙。
名雄七泽薮，国辨三苗氏。唐羿断修蛇，荆王惮青兕。
秦狩迹犹在，虞巡路从此。轩后奏宫商，骚人咏兰芷。
茅岭潜相应，橘洲傍可指。郭璞验幽经，罗含著前纪。
观津戚里族，按道侯家子。联袂登高楼，临轩笑相视。
假守亦高卧，墨曹正垂耳。契阔话凉温，壶觞慰迁徙。
地偏山水秀，客重杯盘侈。红袖花欲然，银灯昼相似。
兴酣更抵掌，乐极同启齿。笔锋不能休，藻思一何绮！
伊予负微尚，夙昔惭知己。出入金马门，交结青云士。
袭芳践兰室，学古游槐市。策慕宋前军，文师汉中垒。

陋容昧俯仰，孤志无依倚。卫足不如葵，漏川空叹蚁。
幸逢万物泰，独处穷途否。镞翮重叠伤，兢魂再三褫。
蘧瑗亦屡化，左丘犹有耻。桃源访仙官，薜服祠山鬼。
故人南台旧，一别如弦矢。今朝会荆蛮，斗酒相宴喜。
为余出新什，笑抃随伸纸。晔若观五色，欢然臻四美。
委曲风涛事，分明穷达旨。洪韵发华钟，凄音激清徵。
羊濬要共和，江淹多杂拟。徒欲仰高山，焉能追逸轨。
湘州路四达，巴陵城百雉。何必颜光禄，留诗张内史？

仿佛是嫌还不够倒霉一样，转眼到了十一月，又是一纸诏令送到刘禹锡面前：连州不用去了，在朗州去当司马吧。

如果是一州刺史，好歹还有些实权在手上，被贬为司马，基本上就是个闲职了，距离上是比连州离京城更近，但从仕途而言，离理想显得更远了。

亲近王叔文等人，官职如同坐火箭，一路上升，只可惜这样的捷径有着太过沉重的代价。

按理说，经历这样的仕途起落，加上与挚友、同伴天各一方的凄凉，内心再怎么淡定沉着，也难免会有悲愤之语，但刘禹锡却如同一棵四季青葱的松柏，流言和欺凌像霜雪压身，他只是抖落一身碎屑，昂着头，继续向前，等待着春日暖阳。

最能反映他这样心境的诗句，莫过于中途所作的《秋词》两首。

其一

自古逢秋悲寂寥，我言秋日胜春朝。

晴空一鹤排云上，便引诗情到碧霄。

其二

山明水净夜来霜，数树深红出浅黄。
试上高楼清入骨，岂如春色嗾人狂！

自古以来，提起秋天，文人墨客多以悲戚之句彰显文采，抒怀自身，"秋风萧萧愁杀人"，更不用说沉郁如杜甫，写下的"唐诗七律第一"的"万里悲秋常作客"这样的诗句。

悲秋忧郁之气，到了刘禹锡这里，一扫而空，全然不见，更多的是一种逆流而上的豪气，连带着旁人，读了也生出一种爽朗之心。

"我言秋日胜春朝"，如同乌云中撕开的一道金光，将秋日的肃杀加上一抹亮色，叫人耳目一新，那个不服输的倔强少年郎的形象跃然而出。

"晴空一鹤排云上"，更是勾勒出一幅空旷深远的秋日图：碧空如洗，辽阔的高空上，身姿俊美的白鹤展开双翅，腾空而起，直冲云霄。蓝天与白鹤，形成鲜亮的色彩搭配。白鹤直冲云霄，冲破秋日的寂寥，静态和动态都有了，像耐心细品的画作，像启人深思的电影空镜，读罢令人心旷神怡，精神昂扬。

当然，说得好听是一回事，将这种乐观真正贯彻到骨子里又是另一回事，太多人以文字聊以自娱，其实自己始终是意难平。

但刘禹锡却是个例外。

他来到朗州，一待就是十年。

这里地处西南少数民族地区，偏远荒凉，当时没什么读书人，加上风俗习惯特别不同，他也就没什么聊得来的对象。政治上的流放、亲友间的分离，对于喜欢结交朋友、习惯吟诗作对、点评时政的刘禹锡来说，无疑是个精神孤岛。

苦闷之际，刘禹锡依然坚持撰文吟咏，陶冶性情，无人可诉，他便极目远眺，为自己寻找一个精神寄托的去处，"就日秦京远，临风楚奏烦。

南登无灞案，旦夕上高原"。

倘若登高望远不能消解这样的苦闷，刘禹锡就主动打破文化交流隔阂，找到能谈论文学的人，比如他在这里遇到的忘年交董侹，两人之间的交往让刘禹锡对诗文创作有了更深的心得体会。

董侹，字庶中，曾任弘文馆校书郎、大理评事等官，曾跟杜甫交游过，后称病求退，隐居武陵。在朗州期间，刘禹锡的作品里有不少关于董侹的篇目。元和七年（812年）四月，董侹去世，刘禹锡受托为其撰写墓志铭。

刘禹锡同董侹往来的文章中，最受关注的，当数这篇《董氏武陵集纪》。文章与其说是为董侹的文集作序，不如说是刘禹锡总结了自己诗文创作的心得，对诗歌创作进行了一次理论阐述：

> 片言可以明百意，坐驰可以役万景，工于诗者能之。风雅体变而兴同，古今调殊而理异，达于诗者能之。工生于才，达生于明，二者还相为用，而后诗道备矣。余尝执斯评为公是，且衡而度之。诚悬乎心，默揣群才，钧铢寻尺，随限而尽。如是所阅者百态，一旦得董生之词，杳如搏翠屏，浮层澜，视听所遇，非风尘间物。亦犹明金绛羽得于遐裔，虽欲勿宝，可乎？
>
> ……诗者，其文章之蕴邪！义得而言丧，故微而难能；境生于象外，故精而寡和。千里之缪，不容秋毫。非有的然之姿，可使户晓，必俟知者，然后鼓行于时。自建安距永明已还，词人比肩，唱和相发。有以"朔风""零雨"高视天下，"蝉噪""鸟鸣"蔚在史策。国朝因之，粲然复兴。由篇章以跻贵仕者，相踵而起。兵兴以还，右武尚功，公卿大夫以忧济为任，不暇器人于文什之间，故其风寝息。乐府协律，不能足新词以度曲，夜讽之职，寂寥无纪。则董生之贫卧于裔土也，其不得于时者欤！其不试故艺者欤！

刘禹锡认为，诗歌创作应片言明百意，坐驰役万景，工于诗者能之。

无论诗体有什么变化，只要掌握诗文的创作规律，以情发声，作品便都符合诗道。

刘禹锡进一步指出，诗人的情意都应寄寓在各种意象之中，"境生于象外，故精而寡和"。

可以看出，朗州的文化苦闷，非但没有加重刘禹锡在现实的困窘，反而激发了他对于文学创作的理论研究，更写出了一系列优秀的诗文。

纵然在朗州结交的文学之士不多，刘禹锡也不会只是顾影自怜，或者破罐子破摔寄情山水，而是永远保持着一颗好奇和学习的心，努力发掘当地的美好，努力融入这里的生活。

当地的风俗喜好巫祝，每次祭祀，都会敲鼓跳舞，唱着俚俗之歌。如若是其他意志消沉之人看了，要么置若罔闻，要么嫌其粗鄙，但刘禹锡却不带任何偏见，有时候还会参加这些活动，更是发自内心地认可这些士大夫不屑一顾的民间歌谣。

刘禹锡根据《楚辞》的内容，撰写了新的歌词来教给巫祝。自此武陵溪洞之间夷人唱的歌，大多是刘禹锡写的歌词。

除了描绘当地的自然风光，刘禹锡更通过他的笔，记录当地的风土人情，千百年后的我们，依然可以凭借这些文字，遥想当时的美景。

《采菱行》里，刘禹锡提到，武陵人非常喜欢菱角，每年秋天，女子们相约泛舟白马湖，采摘菱角回家待客，因此刘禹锡细致地勾勒出当地人采菱角的盛况：

> 白马湖平秋日光，紫菱如锦彩鸳翔。
> 荡舟游女满中央，采菱不顾马上郎。
> 争多逐胜纷相向，时转兰桡破轻浪。
> 长鬟弱袂动参差，钗影钏文浮荡漾。
> 笑语哇咬顾晚晖，蓼花缘岸扣舷归。
> 归来共到市桥步，野蔓系船萍满衣。

> 家家竹楼临广陌，下有连樯多估客。
> 携觞荐芰夜经过，醉踏大堤相应歌。
> 屈平祠下沅江水，月照寒波白烟起。
> 一曲南音此地闻，长安北望三千里。

采菱角时女子们忙着劳动，顾不得与心上人约会，一个个争先恐后地，为了摘菱角而掉转船头，掀起阵阵浪花。忙碌的时刻，只见发髻和衣衫晃动，发钗与手镯辉映，人影幢幢。一幅热火朝天的画面，仿佛从文字中跃出，呈现在眼前。

待到收获满满时，晚霞中一阵阵欢笑声传来，美丽的红蓼花映照着堤岸，迎接这群欢声笑语的女子们划船回来。满载而归的快乐，很难让人不被感染。

《采莲曲》古已有之，至少可以追溯到六朝时期。刘禹锡特地在诗前引言中说到，古有《采菱曲》，但词很难流传下来，因此自己赋诗一首。

刘禹锡没说到的是，在同类文人题诗的《采菱曲》《采莲曲》里，像刘禹锡这样在诗句中直白写采莲女子劳动的热闹场面的，少之又少。

比如中唐前华丽空洞的宫体诗流行，与其说这些《采莲曲》是在歌咏采莲这一风俗，还不如说是在借机描写采莲女的美貌或者恋情。

比如《西洲曲》里的"低头弄莲子，莲子清如水"，梁简文帝的"荷丝傍绕腕，菱角远牵衣"，阎朝隐的"莲衣承玉钏，莲刺胃银钩"，要么借着谐音，描写采莲女子绵延的爱意，要么把采莲女刻画成穿金戴玉的模样，仿佛贵族少女。

到了刘禹锡笔下，这群顾着劳动的采菱女，为了比谁能采到更多菱角，早把情郎置之脑后，争着看是谁行舟踏浪在前，干活时更是叽叽喳喳，热闹异常，将场面描绘得非常具有感染力。

同样记录当地盛大热闹场面的诗歌，不能不提到刘禹锡这一时期的

《竞渡曲》：

> 沅江五月平堤流，邑人相将浮彩舟。
>
> 灵均何年歌已矣，哀谣振楫从此起。
>
> 扬桴击节雷阗阗，乱流齐进声轰然。
>
> 蛟龙得雨鬐鬣动，螮蝀饮河形影联。
>
> 刺史临流褰翠帱，揭竿命爵分雄雌。
>
> 先鸣馀勇争鼓舞，未至衔枚颜色沮。
>
> 百胜本自有前期，一飞由来无定所。
>
> 风俗如狂重此时，纵观云委江之湄。
>
> 彩旗夹岸照鲛室，罗袜凌波呈水嬉，
>
> 曲终人散空愁暮，招屈亭前水东注。

刘禹锡通过这样一首诗记载了朗州精彩纷呈的竞渡场景。

根据传统，屈原五月五日自沉汨罗江，百姓追到洞庭湖不见踪迹，湖大船小，大家争先渡湖，后来竞渡这一项目便传承了下来。

刘禹锡在引言里说到竞渡起源于武陵，大家举着船桨互相跟着喊，相和者高喊"何在"，意为给屈原招魂。

每年五月沅江春水上涨，河流与堤岸齐平，当地人将水中的彩舟捞起，准备竞渡。接着刘禹锡通过听觉和视觉上的描述，让大家感受到比赛的热火朝天：扬桴击节，如雷声阵阵，乱流齐进，声势浩大。密集扬起的水花仿佛雨点，蛟龙由此更加灵动矫健，彩虹连接着水面在天上架起桥。

气氛烘托到位，再介绍正式的比赛。在州刺史的主持下，各队龙舟开始紧张的角逐，胜者自然是欢欣鼓舞，而败者则是灰心丧气。精彩纷呈的比赛结束后，还有女子在水中嬉戏，与两岸的彩旗交相辉映，别有趣味。

然而曲终人散，只剩我一个人还在原地，惆怅着日暮降临，聆听我这份心事的，大概只有招屈亭前日夜奔流的江水。

诗句最后一联，仿佛是在说热闹是他们的，与我无关。争强好胜的竞渡盛况之后，大概刘禹锡想到被大家凭吊的屈原，想起自己被贬谪的命运，有几分触景伤怀的意味。

前面的两首诗重在记载当地民俗，描绘了朗州男女争强好胜的一面。对于当地百姓的烦恼，刘禹锡也通过他的诗歌传播出来。

朗州山野虎狼横行，当地百姓深受其害，他看到一个射杀猛虎的壮士，联想到自身，便写下一篇《壮士行》，重写了周处除三害的历史故事，记述壮士射虎斩蛟的故事：

> 阴风振寒郊，猛虎正咆哮。徐行出烧地，连吼入黄茅。
> 壮士走马去，镫前弯玉弰。叱之使人立，一发如铍交。
> 悍睛忽星堕，飞血溅林梢。彪炳为我席，膻腥充我庖。
> 里中欣害除，贺酒纷号呶。明日长桥上，倾城看斩蛟。

猛虎咆哮，风云变色，壮士有勇有谋，见猛虎被除，全城的人都奔走相告，摆酒庆祝，等着明天看壮士斩蛟的奇观。

未见其虎，先闻其声，通过描写猛虎的吼叫声令风云变了颜色，渲染老虎的凶猛。呼呼的风声震响郊外，原来是猛虎在咆哮。老虎慢慢走过地面，连声嘶吼地走进黄茅丛中。

然而这样一头暴戾的猛虎，该怎么被收服呢？接着刘禹锡通过一组干脆利落的动作，刻画了壮士的果敢与英勇：踏马而行，脚踩马镫，拉满玉弓，随着一声喝令，一击即中。

威风凛凛的猛虎，就这样被壮士射死。凶狠的目光如流星坠落，血水飞溅，染红林梢。壮士以虎皮做席垫，将虎肉烹饪成美味，猛虎的死亡衬托出壮士的勇猛，看着壮士得胜后的举动，很难不升起一股豪情壮志。

刘禹锡笔下的壮士，比起《晋书·周处传》的原型，做出了一定改动。史书上的周处，曾是为祸一方的不良少年，看到乡民大丰收却还是这么闷闷不乐，周处好奇地问大家原因，乡民回应"三害不除，有什么好开心的"，周处问有哪三害，才得知是猛虎和蛟龙，还有自己。

为此，周处入山射杀猛虎，投水与蛟龙搏斗，在水中追逐数十里，历经三天三夜，最后沉入水中，乡民以为周处也死了，为此欢呼庆祝。

看到百姓的态度，周处才真正明白，自己这般不受欢迎，于是幡然悔悟，追寻文坛名流，积极好学，志存忠义，守护一方百姓。

刘禹锡诗中的壮士，并没有浪子回头这样的情节，直接将画面聚焦在壮士射虎这一段，重点更为突出。结尾全城百姓等待明日看斩蛟的举动，又为全诗留足了想象空间。

对于斗士一般的刘禹锡而言，沮丧只是他所有情绪中最短暂的一种，寄情山水，寻访仙踪，但最重要的是，被贬谪到这样偏远的地方后，反而激发了他内心那股顽强的斗志。

破罐子破摔？未必，他只是憋不住肚子里的懊恼，一路上太过平顺，借风上了青云路，一下子从云端坠入泥地，他还学不会官场上的人情往来，更不懂什么暂避锋芒，痛快话偏要直言不讳地说出来。

有意思的是，刘禹锡在京外所作的讽刺诗，一首更比一首辛辣，却也没为他招来什么祸事，反倒是情绪得到缓解，不至于郁结成疾，大抵天高皇帝远，唐宪宗暂时还没想起遥远的地方还有这么几个人。

像这首讽刺朝中站在宦官和地方割据势力一派的《聚蚊谣》：

> 沉沉夏夜兰堂开，飞蚊伺暗声如雷。
> 嘈然欻起初骇听，殷殷若自南山来。
> 喧腾鼓舞喜昏黑，昧者不分听者惑。
> 露华滴沥月上天，利觜迎人著不得。

> 我躯七尺尔如芒，我孤尔众能我伤。
>
> 天生有时不可遏，为尔设帷潜匡床。
>
> 清商一来秋日晓，羞尔微形饲丹鸟。

前半段描写夏日飞蚊的场面，形象生动，很难不让人浑身发痒，想起被蚊子叮咬的难受时刻。

夏日沉闷，蚊子暗处伺机而动。小小的蚊子，心思歹毒，等到夜深露重，月色初上时，趁着晚上大家看不清楚，便利嘴相加。

纵然我这样七尺之躯，顶天立地的大丈夫，也敌不过这小小如芒刺般的蚊子。我独身一人，敌不过蚊子群集而攻击。

盛夏时节多蚊虫，我阻挡不了，只能躲进蚊帐里，避开蚊子的叮咬。待到秋风起，你们这些可恶的小虫子全部都要被丹鸟吃掉。

这首诗中的蚊子意象，几乎是直白地告诉所有人，这是在说朝中那些迫害革新派的官吏，暗中活动，窥伺着革新派的弱点，私下勾结在一起，给自己这样的正直之士致命打击。

将自己的政敌刻画成令人厌恶的飞蚊，将自己一派描述成七尺之躯的大丈夫，突出力量对比的悬殊，更看得出刘禹锡内心对政敌的蔑视。

明明是自己被贬到朗州，回京遥遥无期，但在刘禹锡的笔下，则成了暂时避开风头正盛的政敌，并不是胆小懦弱没实力，突出自己在政治上的远谋。

结尾处的"清商一来秋日晓"，"清商"，即秋风，一叶落而知秋，刘禹锡以一缕秋风，非常自然地勾勒出秋日的清爽凉快，跟前面飞蚊营造出的恼人氛围形成鲜明对比，也更凸显对于今后政敌们一定会倒台的自信，充满乐观豪爽的气度。

丑化政敌，凸显自己高洁正直的形象，是刘禹锡在这段时期讽刺诗中的主题。比如刘禹锡的另一首《白鹭儿》，将自己比作情操高尚的白鹭：

> 白鹭儿，最高格。
>
> 毛衣新成雪不敌，众禽喧呼独凝寂。
>
> 孤眠芊芊草，久立潺潺石。
>
> 前山正无云，飞去入遥碧。

诗歌一开头，就给白鹭定下基调，以鸟写人，点出描写对象的品格高尚。

接着又说白鹭的羽毛白衣胜雪，在众鸟的喧嚣中，独守宁静，洁身自好。同所有自带仙气的鸟类一样，白鹭独自住在碧草丰茂之地，久久立在潺潺的溪水石头上，遗世而独立，颇有世外隐士的高洁感。

白鹭并不只是摆姿态，做沽名钓誉之士，待到前方云雾散去，白鹭就会振翅翱翔，跃上九层云霄，自由惬意。

拨云见日，山前有路，何尝不是刘禹锡的自我安慰。自己被贬谪到这里，与朋友们共同投身的改革宣告失败，最大的阻力莫过于朝中那些小人。朝野之势风云变幻，或许哪天这些阻力就消失了，自己和朋友们就可以踏上回京之路，重回殿内，继续那个未完成的梦想，展现自己的政治才华，实现当年与朋友们畅想的美好盛景。

山前的云雾还未散去时，只能在这逆境中坚守自己，纵然前路再难，只要心存一丝希望，刘禹锡都没有放弃过。更难能可贵的是，乐观如他，即便自己现状这么艰难，他也不忘照顾他散落天涯的朋友们。

除了写信与柳宗元闲话家常，刘禹锡还为遭受贬谪的元稹雪中送炭。

元和五年（810年）正月，屡屡遭贬的元稹，奉诏回京。这时的元稹，先后经历了仕途受挫，妻子韦丛盛年而逝。此番进京前途未知，他暂住华州敷水驿。

夜宿期间，宦官刘士元正好也到了这个驿站，偏要同元稹争厅房，最后竟蛮横到用马鞭抽打元稹，气焰嚣张，令人震惊。

没想到，这样一桩是非分明的案子，到了宠信宦官的唐宪宗眼里，竟以"元稹轻树威，失宪臣体"为由，将其贬为江陵府士曹参军。

刘禹锡闻讯，对朝廷这种处罚相当气愤，耿介如他，特地给元稹寄去一只文石枕，附上一首《赠元九侍御文石枕以诗奖之》：

> 文章似锦气如虹，宜荐华簪绿殿中。
> 纵使凉飙生旦夕，犹堪拂拭愈头风。

心病还要心药医，文石枕背后的寓意才是对这位失意朋友的真正宽慰：兄弟你才高八斗，拥有这样的治世之能，理应身居高位才对。

"愈头风"不是说元稹真的得了头痛病，而是用典自曹操。"建安七子"之一的陈琳作《为袁绍檄豫州》，痛斥曹操，文字酣畅淋漓，因头风病卧床的曹操读后，翕然而起，头风顿愈。

元稹恰恰是被奸佞小人刁难，不仅落得一身伤痕，还被贬谪，郁郁不得志，刘禹锡将"愈头风"的典故用在这里，可以说非常适合。

一来称赞了元稹的诗文杰出，二来也是对他这种刚直不阿的品格的褒奖，不得不说，这是刘禹锡对元稹绝佳的安慰和鼓励。

为此，备受感动的元稹回赠了壁州产的竹鞭和一首答诗《刘二十八以文石枕见赠，仍题绝句，以将厚意，因持壁州鞭酬谢，兼广为四韵》，回报他的雪中送炭：

> 枕截文琼珠缀篇，野人酬赠壁州鞭。
> 用长时节君须策，泥醉风云我要眠。
> 歌晒彩霞临药灶，执陪仙仗引炉烟。
> 张骞却上知何日，随会归期在此年。

元稹盛赞刘禹锡的高风亮节，祝他早日结束贬谪生涯，可以说是送到心坎上的礼物。

因此，刘禹锡收到元稹的酬赠后，即作《酬元九侍御赠壁州鞭长句》，畅想今后彼此受到朝廷重用的时刻：

> 碧玉孤根生在林，美人相赠比双金。
> 初开郢客缄封后，想见巴山冰雪深。
> 多节本怀端直性，露青犹有岁寒心。
> 何时策马同归去，关树扶疏敲镫吟。

同是天涯沦落人，元九啊，什么时候我们才能结束这样的外放生涯，一同策马扬鞭，回到京城呢？到时候一定要轻敲金镫，吟咏唱和，潇潇洒洒，过得痛快。

努力融入当地生活，记载生活中美好的画面，为朋友们操心琐事，这便是处于人生低谷的刘禹锡。自己淋过雨，却要为旁人打伞，一片赤子之心，十年未改。

是什么支撑他保持这样的心境呢？

朗州期间，刘禹锡写过一篇《砥石赋》，应该很能反映他的心境。文中说自己的佩刀到了湿气重、降雨多的南方，便生锈到无法拔出，只能剖开刀鞘才能取出。放在阳光下眯着眼睛细看，"傅刃蒙脊，鳞然如痏痂，如黑子，如青蝇之恶。锐气中锢，犹人被病然"。与其说是在讲佩刀，倒不如说是在讲春风得意却骤然陷入人生低谷的刘禹锡自己。

在客人包给刘禹锡一块磨刀石后，他在石头上浇上滑腻的草汁，掺些鸟类的油脂，反复磨砺，终于重现了佩刀原有的锋利。在感谢客人时，对方说到西汉吏隐真人梅福，"爵禄者，天下之砥石也。高皇帝所以砥世磨钝"。

对于郁郁不得志，被贬于此的刘禹锡而言，这番话显然戳中了他的心思。他无时无刻不盼望着可以得到明君垂青，再度平步青云。当前的窘状，在他看来不过是宝刀一时蒙尘，一定会有可以让他再次施展雄心抱负的机会，"即赋形而终用，一蒙垢焉何耻？感利钝之有时分，寄雄心于睚眦"。

挚友柳宗元，被贬谪去永州，心境悲凉，秀丽风景中，纵然山水相伴，内心却感到孤独凄凉："坐潭上，四面竹树环合，寂寥无人，凄神寒骨，悄怆幽邃。以其境过清，不可久居，乃记之而去。"

异于刘禹锡努力发掘生活乐趣，苦闷的柳宗元写下了一首号称"千万孤独"的经典名篇《江雪》：

> 千山鸟飞绝，万径人踪灭。
> 孤舟蓑笠翁，独钓寒江雪。

大雪封山，渔翁孤舟垂钓，字里行间都是无可消弭的孤寂和抑郁。

然而有着同样经历的刘禹锡，却保持着一颗向上的心，不让自己的心被孤独打倒，甚至写下"便引诗情到碧霄"这样豪情满怀的诗句。

任风吹雨打，刘禹锡的心境，如同他称赞的卫青一般，"骠骑非无势，少卿终不去。世道剧颓波，我心如砥柱"。

朗州近十年的时光，刘禹锡共创作两百多首诗词，占据了他一生诗词总量的四分之一。

对于旁人而言，这是最难熬的阶段，意气风发的青年，转眼就是两鬓斑白的失意中年。

但在刘禹锡身上，这仿佛只是他人生中最微妙的插曲。在这里，他渴望东山再起，"恨已极兮平原空，起何时兮东山在"；生活失意，则"居僻陋，不闻世论"；人情冷暖，他认为"所以书相问讯，皆昵亲密友""人生不失意，焉能暴己知"。似乎总是那个挺直脊梁、姿态洒脱的少年郎形象。

在满腔豁达的刘禹锡眼里，眼前这些坎坷，都是对他的一种考验，而他始终初心不改，一直等待着下一站的晴天。

桃源问道

在朗州近十年的时光里，刘禹锡除了融入当地生活，尽自己所能改变当地民风外，还意外成了朗州桃花源的代言人。

陶渊明的《桃花源记》借渔人出入桃花源的经历，创造了一个与世无争的美好世界，引发了不少人的好奇和追逐。根据现存文献的记载，唐人认为通往桃源秘境的入口位于武陵沅水一带的桃花观附近。

跟其他文人墨客一样，刘禹锡同样向往着陶渊明笔下的这个理想世界，因此他很早就写下了一首《桃源行》，重新描绘了一个武陵渔人误入桃花源的故事，生动地介绍了游览桃花源的经历，追寻秦人踪影，详细地描绘桃花源的种种风貌。

只不过诗句主题涉及神仙之说，流于求仙问道，在后世诗评家眼中，诗境不及前辈王维同名作品清逸自然。

渔舟何招招，浮在武陵水。
拖纶掷饵信流去，误入桃源行数里。
清源寻尽花绵绵，蹑花觅径至洞前。
洞门苍黑烟雾生，暗行数步逢虚明。
俗人毛骨惊仙子，争来致词何至此。
须臾皆破冰雪颜，笑言委曲问人间。
因嗟隐身来种玉，不知人世如风烛。
筵羞石髓劝客餐，灯燃松脂留客宿。
鸡声犬声遥相闻，晓光葱笼开五云。
渔人振衣起出户，满庭无路花纷纷。
翻然恐迷乡县处，一息不肯桃源住。
桃花满溪水似镜，尘心如垢洗不去。
仙家一出寻无踪，至今流水山重重。

与陶渊明笔下远离战乱的避世之境不同，刘禹锡把桃源刻画成了略带浪漫色彩的世外仙境，"因嗟隐身来种玉，不知人世如风烛"。

对于追求长生不老，修仙问道之人而言，刘禹锡的这一宣传角度，非常有吸引力。

就连刘禹锡自己，多次游览桃花源后，都对这里的风光更加眷恋不舍，为此写下一首《游桃源一百韵》，这也是他文集中最长的一首诗：

沅江清悠悠，连山郁岑寂。回流抱绝巘，皎镜含虚碧。
昏旦递明媚，烟岚分委积。香蔓垂绿潭，暴龙照孤碛。
渊明著前志，子骥思远跖。寂寂无何乡，密尔天地隔。
金行太元岁，渔者偶探赜。寻花得幽踪，窥洞穿暗隙。
依微闻鸡犬，豁达值阡陌。居人互将迎，笑语如平昔。
广乐虽交奏，海禽心不怿。挥手一来归，故溪无处觅。
绵绵五百载，市朝几迁革。有路在壶中，无人知地脉。
皇家感至道，圣祚自天锡。金阙传本枝，玉函留宝历。
禁山开秘宇，复户洁灵宅。蕊检香氛氲，醮坛烟幂幂。
我来尘外踢，莹若朝醒析。崖转对翠屏，水穷留画鹢。
三休俯乔木，千级扳峭壁。旭日闻撞钟，彩云迎蹑屐。
遂登最高顶，纵目还楚泽。平湖见草青，远岸连霞赤。
幽寻如梦想，绵思属空阒。夤缘且忘疲，耽玩近成癖。
清猿伺晓发，瑶草凌寒坼。祥禽舞葱茏，珠树摇的砾。
羽人顾我笑，劝我税归辄。霓衣何飘飘，童颜洁白皙。
重岩是藩屏，驯鹿受羁靮。楼居弥清霄，萝茑成翠帷。
仙翁遗竹杖，王母留桃核。姹女飞丹砂，青童护金液。
宝气浮鼎耳，神光生剑脊。虚无天乐来，僸佅鬼兵役。
丹丘肃朝礼，玉札工纷绎。枕中淮南方，床下阜乡舄。

明灯坐遥夜，幽籁听渐沥。
乃言瞿氏子，骨状非凡格。
警然不屑意，元气贮肝鬲。
言高未易信，犹复加诃责。
言师有道骨，前事常被谪。
悠然谢主人，后岁当来觌。
观者皆失次，惊追纷络绎。
适逢修蛇见，瞋目光激射。
唯馀步纲势，八趾在沙砾。
列仙徒有名，世人非目击。
洞天岂幽远，得道如咫尺。
因思人间世，前路何湫窄。
大方播群类，秀气肖翕辟。
是非斗方寸，荤血昏精魄。
喧喧车马驰，苒苒桑榆夕。
纷吾本孤贱，世业在逢掖。
公卿偶慰荐，乡曲谬推择。
功名希自取，簪组俟扬历。
起草香生帐，坐曹乌集柏。
尝闻履忠信，可以行蛮貊。
巧言忽成锦，苦志徒食檗。
层波一震荡，弱植忽沦溺。
祸来昧几兆，事去空叹惜。
才能疑木雁，报施迷夷跖。
禀生非悬解，对境方感激。
王正降雷雨，环珑赐迁斥。
买山构精舍，领徒开讲席。

因话近世仙，竦然心神惕。
往事黄先生，群儿多侮剧。
往往游不归，洞中观博弈。
一旦前致辞，自云仙期迫。
如今三山上，名字在真籍。
言毕依庭树，如烟去无迹。
日暮山径穷，松风自萧槭。
如严三清居，不使恣搜索。
至今东北隅，表以坛上石。
如何庭庑际，白日振飞翮。
一气无死生，三光自迁易。
瞥然此生中，善祝期满百。
性静本同和，物牵成阻厄。
遂令多夭伤，犹喜见斑白。
共安缇绣荣，不悟泥途适。
九流宗指归，百氏旁掜摭。
居安白社贫，志傲玄纁辟。
书府早怀铅，射宫曾发的。
赐宴聆箫韶，侍祠阅琮璧。
自述希古心，忘恃干时画。
平地生峰峦，深心有矛戟。
北渚吊灵均，长岑思亭伯。
尘累与时深，流年随漏滴。
楚奏系钟仪，商歌劳宁戚。
自从婴网罗，每事问龟策。
傥复夷平人，誓将依羽客。
冀无身外忧，自有闲中益。

道芽期日就，尘虑乃冰释。且欲遗姓名，安能慕竹帛？
长生尚学致，一溉岂虚掷？芝术资猱粮，烟霞拂巾帻。
黄石履看堕，洪崖肩可拍。聊复嗟蜉蝣，何烦哀虺蜴。
青囊既深味，琼葩亦屡摘。纵无西山姿，犹免长戚戚。

诗很长，内容上比刘禹锡之前的《桃源行》更为丰富，引入瞿柏庭飞升成仙的故事，贯穿了前作中求仙问道的主题。

长诗分为几个部分，先从远景镜头刻画，描绘沅江清澈明亮，两岸山峰连绵起伏，再将桃源附近的景点都逐一点出，绿萝山和水中沙石"暴龙"，由面到点进行风景描摹。

再以陶渊明和刘子骥寻迹的典故，将话题引入迷离的寻仙氛围，从渔人意外邂逅仙境，过渡到旁人无从寻找，再引入自己游玩桃源，得遇仙人的传奇故事，衔接自然。

铺垫好神仙背景，再说旁人所述瞿柏庭飞升之事，让人读后不免心生向往。心性旷达，才能与天地同和，如果为外物所拘牵，则会陷入重重困厄。

最后话题又回到自己身上，记载了自己这些年的经历，"九流宗指归，百氏旁捃摭"，学术流派诸子百家样样精通，刘禹锡对自己的才华一如既往地自信，少年得志，为杜佑撰写文书，在御史台公干，自己兢兢业业，却敌不过小人口舌，平地起波澜，落得被贬谪朗州，只能寄望隐居生涯。

哪怕遭遇这么大的变故，刘禹锡依然不觉得自己在改革期间有什么过错，他将仕途上的贬谪，归根于旁人的毁谤，从侧面而言，刘禹锡确实是一心一意为国家改革奔忙，并没太多私心。

一转眼，已是刘禹锡在朗州的第三个中秋，寄情于这片山水的刘禹锡，再度来到桃源，留下一首清冷的《八月十五日夜桃源玩月》：

尘中见月心亦闲，况是清秋仙府间。

> 凝光悠悠寒露坠，此时立在最高山。
> 碧虚无云风不起，山上长松山下水。
> 群动翛然一顾中，天高地平千万里。
> 少君引我升玉坛，礼空遥请真仙官。
> 云軿欲下星斗动，天乐一声肌骨寒。
> 金霞昕昕渐东上，轮欹影促犹频望。
> 绝景良时难再并，他年此日应惆怅。

平日里看到月亮，都能心境宁静，更何况是这清秋时节的神仙洞府？月光清幽，缓缓洒落，如同寒露般坠落，而我，此刻站在桃源最高处。

月下清辉，独身一人立在山间，这样飘逸的画面，如同影片一样呈现在大家脑海中，仿佛诗人随时都会御风而去，飞升仙界。

夜雾中，邂逅仙人似乎也不是什么难事。流云聚集，星斗转动，仙乐奏响，一切都让人流连忘返。待到晨曦时刻，东面金色的霞光渐渐升起，月轮西斜，这样的良辰美景恐怕再难寻，以后的中秋应该很是惆怅。

这一时期，刘禹锡还有一些关于仙界美好想象的诗词，被传诵较多的，应该是这两首《步虚词》：

其一

> 阿母种桃云海际，花落子成二千岁。
> 海风吹折最繁枝，跪捧琼盘献天帝。

其二

> 华表千年一鹤归，凝丹为顶雪为衣。
> 星星仙语人听尽，却向五云翻翅飞。

步虚词，是道家的曲子，主要是描绘"众仙缥缈升天之美"，后来步虚词成为诗体之一种，或五言，或七言，八句、十句、二十二句不等。

这两首诗，前者描绘仙桃由来，西王母在云海边种植蟠桃，缥缈的云海，桃花如烟似雾，花落之后两千年果实才成熟，海风吹着枝丫，用玉盘呈给天帝。

第二首则是化用了《搜神后记》中丁令威化鹤的典故。丁令威在灵虚山学道，后来化鹤归去，回到自己家乡辽东，驻足在郡城门华表柱上。有少年弯弓欲射，鹤飞走，徘徊空中念叨"有鸟有鸟丁令威，去家千年今始归。城郭如故人民非，何不学仙冢累累"，然后高飞冲天。这也是华表鹤的由来。

白羽胜雪，红色头顶，孤洁振翅的仙鹤形象，何尝不是刘禹锡的自比。刘禹锡的这些步虚词，未必进了真正的道教仪式，被道士在步虚的时候吟唱，只是他仕途失意后心境外化的表现。

平心而论，无论是《八月十五日夜桃源玩月》，还是《步虚词》，都显得清冷有余，仙气不足，较之李贺的同类作品，相差太远。

李贺纵有"诗鬼"之称，但他笔下的仙宫，浪漫瑰丽，充满奇幻色彩。《天上谣》中描绘天界的美好，银河潺潺，群星飘荡，两岸的流云像流水一样叮咚作响，"天河夜转漂回星，银浦流云学水声"。

两者诗风相异的原因，大概与刘禹锡更侧重写实的风格分不开关系，而他在这些诗作中流露出的隐居和求仙倾向，不过是暂时为自己的心灵寻求一个寄托而已，所以这些诗句在刘禹锡的作品中，只是占据很少一部分。

大和四年（830年）时，刘禹锡的侄子刘蒇来到桃花源，看到刘禹锡当初所作的《八月十五日夜桃源玩月》，虽然刻在桃花观的墙壁上，但文字因为风化已经有所模糊，担心以后会被湮没，于是重新刻石。

然而哪有什么是真正不朽的呢，这块碑文历经沧桑，早已被侵蚀剥落，明万历三年（1575年），湖广巡抚赵重书又重写了一块碑文"桃源佳致"，算是呼应刘禹锡当初的碑刻。

在刘禹锡的影响下，朗州刺史窦常也成了桃源洞天的游览者，两人请画师制作《桃源图》并遥寄友人欣赏，掀起一股桃源热。

人在失意时，会投身宗教寻求解脱。刘禹锡这一时期诗作中流露出的宗教倾向，与他的交友圈也有一定关系。

尽管被贬远地，远离了京城的人情往来，但刘禹锡昔日结识的诗僧们，游历途中纷纷来探访他，互相诗词唱和，远在异地的高僧，也同他互寄诗作唱答，这给困守朗州的刘禹锡带来了莫大的慰藉。

令他感动的是，这里还遇到了老师灵澈的友人。僧人仲剬到朗州，和刘禹锡游山谈佛，临别之际，刘禹锡作诗《送僧仲剬东游兼寄呈灵澈上人》，并托对方问候灵澈：

> 释子道成神气闲，住持曾上清凉山。
> 晴空礼拜见真像，金毛五髻卿云间。
> 西游长安隶僧籍，本寺门前曲江碧。
> 松间白月照宝书，竹下香泉洒瑶席。
> 前时学得经论成，奔驰象马开禅扃。
> 高筵谈柄一麈拂，讲下门徒如醉醒。
> 旧闻南方多长老，次第来入荆门道。
> 荆州本自重弥天，南朝塔庙犹依然。
> 宴坐东阳枯树下，经行居止故台边。
> 忽忆遗民社中客，为我衡阳驻飞锡。
> 讲罢同寻相鹤经，闲来共蜡登山屐。
> 一旦扬眉望沃州，自言王谢许同游。
> 凭将杂拟三十首，寄与江南汤慧休。

当初刘禹锡初入仕途，恰好灵澈在长安和洛阳游历，两人相聚，好不欢快。好景不长，灵澈因得罪宦官被徙汀州（今福建长汀），后来永贞革新失败，刘禹锡也遭贬谪，这对倒霉师徒，一前一后，开始了各自的远方之旅。

他相逢故知，在故交稀少的朗州，遇到灵澈的友人，对于刘禹锡来说，那份快乐难以言喻。

刘禹锡与对方谈诗聊佛，还托仲剬将自己的三十首诗作一同带给灵澈，大抵是为了向老师表明自己并未沉寂，在吟诗作赋上更进一层楼。

二十年后，刘禹锡收到灵澈的赠诗，他又写下《敬酬彻公见寄二首》：

其一

凄凉沃州僧，憔悴柴桑宰。
别来二十年，唯馀两心在。

其二

越江千里镜，越岭四时雪。
中有逍遥人，夜深观水月。

分别二十年，距离和时间阻隔不了真心，哪怕相隔遥远，依然跨越千里如明镜般的江面，翻过积雪皑皑的山岭，来共赏一轮明月。

除了旧友的音讯，刘禹锡还因诗结识了一些新朋友。

同刘禹锡结交的诗僧鸿举，到武陵向刘禹锡学诗，后来返回江陵时，刘禹锡作《秋日过鸿举法师寺院便送归江陵》《重送鸿举赴江陵谒马逢侍御》两首诗送别。

前一首作于拜访鸿举，得知对方即将离开前往江陵时。幽邃的长廊深处，宁静的小池，出尘的仙鹤，古树带着蝉鸣，借由这样恬淡禅意的环境，勾勒出鸿举清静无为的心性，茶烟袅袅，跟朋友举杯告别，一番情意，绵延悠长：

> 看画长廊遍，寻僧一径幽。
> 小池兼鹤净，古木带蝉秋。
> 客至茶烟起，禽归讲席收。
> 浮杯明日去，相望水悠悠。

到了正式离别，依依惜别之际，刘禹锡不忘两人因诗文而结下的这段友谊，叮嘱着对方，期待着新作：

> 西北秋风凋蕙兰，洞庭波上碧云寒。
> 茂陵才子江陵住，乞取新诗合掌看。

刘禹锡到夔州（今重庆奉节）任刺史时，鸿举前来探访刘禹锡，他拿出了当初刘禹锡的两首赠诗。

距离两人上次见面，已过去了十年的时间，当初撰写诗文的纸张，上面的墨迹已晕染模糊，承载文字的白纸已破碎，唯一没被时光改变的，是这段情谊中的真诚。

仕途不如意又如何，如同落荒小狗四处浪迹又怎样，无论走到哪里，还有真心记挂自己的朋友，任凭时光流逝，情谊却始终不改，如何不叫人感动？

为此，刘禹锡感慨万千，又写下一首《送鸿举师游江西》，真心为对方的进步感到高兴：

> 禅客学禅兼学文，出山初似无心云。
> 从风卷舒来何处？缭绕巴山不得去。
> 山州古寺好闲居，读尽龙王宫里书。
> 使君滩头拣石砚，白帝城边寻野蔬。
> 忽然登高心瞥起，又欲浮杯信流水。

> 烟波浩淼鱼鸟情，东去三千三百里。
> 荆门硖断无盘涡，湘平汉阔清光多。
> 庐山雾开见瀑布，江西月净闻渔歌。
> 钟陵八郡多名守，半是西方社中友。
> 与师相见便谈空，想得高斋狮子吼。

刘禹锡的朋友乘广禅师在江西杨岐山坐化，弟子还源和尚不辞辛劳，翻山越岭，"茧足千里，以诚相投"，到朗州找到刘禹锡，希望他能为昔日好友的塔作个碑文。

这份千里迢迢而来的讯息，让刘禹锡在感伤之余，又倍感情谊深厚，故而他写下《袁州萍乡县杨岐山故广禅师碑》一文。

如今，这块被刻在寺庙墙壁上的碑文，文字早已斑驳不太能辨，拓片也被收藏在博物馆，只剩下千年前这样一段情意留给后人诉说。

问道和辩禅，都只是为刘禹锡增加了一个情感宣泄的窗口，倘若真的安心不问世事，清静无为，恐怕就不会有那么多经典文字传世了。

与朋友们的诗作唱和，将刘禹锡从一个人孤寂失意寻求世外解脱，变成了追求诗作艺术的精进方式之一，不得不说，这对于刘禹锡，或者后世的读者来说，都是莫大的幸运。

在远离世俗喧嚣的朗州，刘禹锡一个人躲进仙气飘飘的桃源洞，试图疗愈那些苦闷，他的朋友们，如同黑暗中照进的光，牵引着他走出狭小的洞口，令他豁然开朗，获得文学和思想上的又一次提升。

柔软的宣纸，坚硬的岩石，无论是书写还是刻勒，时间是最公平也最无情的利器，抹平了一切文字的痕迹，然而人与人之间那份最真挚的情感，却不会因时间的流逝而消失，反而会给后世留下弥久的念想。

感时伤怀

刘禹锡刚在朗州住下两个多月，就传来太上皇李诵驾崩的消息。

错愕之际，作为革新派，刘禹锡内心更多的是悲愤。这份情怀不能明言，所以他只能写下《武陵书怀五十韵》，借由文字，猜测太上皇驾崩的真相，并悼念唐顺宗：

西汉开支郡，南朝号戚藩。四封当列宿，百雉俯清沅。
高岸朝霞合，惊湍激箭奔。积阴春暗度，将霁雾先昏。
俗尚东皇祀，谣传义帝冤。桃花迷隐迹，楝叶慰忠魂。
户算资渔猎，乡豪恃子孙。照山畬火动，踏月俚歌喧。
拥楫舟为市，连甍竹覆轩。披沙金粟见，拾羽翠翘翻。
茗圻苍溪秀，蘋生枉渚暄。禽惊格磔起，鱼戏唅喁繁。
沈约台榭故，李衡墟落存。湘灵悲鼓瑟，泉客泣酬恩。
露变蒹葭浦，星悬橘柚村。虎咆空野震，鼍作满川浑。
邻里皆迁客，儿童习左言。炎天无冽井，霜月见芳荪。
清白家传遗，诗书志所敦。列科叨甲乙，从宦出丘樊。
结友心多契，驰声气尚吞。士安曾重赋，元礼许登门。
草檄嫖姚幕，巡兵戊己屯。筑台先自隗，送客独留髡。
遂结王畿绶，来观衢室尊。鸢飞入鹰隼，鱼目俪玙璠。
晓烛罗驰道，朝阳辟帝阍。王正会夷夏，月朔盛旗幡。
独立当瑶阙，传诃步紫垣。按章清犴狱，视祭洁蘋蘩。
御历昌期远，传家宝祚蕃。缫文光夏启，神教畏轩辕。
内禅因天性，膺图授化元。继明悬日月，出震统乾坤。
大孝三朝备，洪恩九族惇。百川宗渤澥，五岳辅昆仑。
何幸逢休运，微班识至尊。校缗资管榷，复土奉山园。
一失贵人意，徒闻太学论。直庐辞锦帐，远守愧朱轓。

> 巢幕方犹燕，抢榆尚笑鲲。遄回过荆郢，流落感凉温。
> 旅望花无色，愁心醉不惛。春江千里草，暮雨一声猿。
> 问卜安冥数，看方理病源。带赊衣改制，尘涩剑成痕。
> 三秀悲中散，二毛伤虎贲。来忧御魑魅，归愿牧鸡豚。
> 就日秦京远，临风楚奏烦。南登无灞岸，旦夕上高原。

表面上看，这只是一首我们前文提及的登高望远长诗，但真正的作诗缘由都隐藏在诗前的文字中：

> 按《天官书》，武陵当翼、轸之分，其在春秋及战国时，皆楚地。后为秦惠王所并，置黔中郡。汉兴，更名曰武陵，东徙于今治所。
> 常林《义陵记》云："初，项籍杀义帝于郴，武陵人曰：'天下怜楚而兴，今吾王何罪，乃见杀？'郡民缟素，哭于招屈亭。高祖闻而义之，故亦曰义陵。"
> 今郡城东南亭舍，其所也。晋、宋、齐、梁间，皆以分王子弟，事存于其书。永贞元年，余始以尚书外郎出补连山守，道贬为是郡司马，至则以方志所载而质诸其人民。顾山川风物，皆骚人所赋。乃具所闻见而成是诗。因自述其出处之所以然，故用"书怀"为目云。

刘禹锡引用常林的《义陵记》，说当初项羽在郴州杀楚义帝，武陵人愤愤不平，认为明明是打着反秦兴楚的名义起兵，最后却为了自己称王屈杀楚义帝。楚义帝有什么错？于是百姓着丧服，在招屈亭痛哭。对应到刘禹锡的处境，何尝不是以楚义帝被杀影射唐顺宗的死亡不正常。

比起刘禹锡这样隐晦地怀念，《续幽怪录》里则直接写了一个《辛公平上仙》，五百阴兵迎驾的故事，展现了一场弑君的惊悚场景："俄而三更四点，有一人多髯而长，碧衫皂裤，以红为襟；又以紫縠画虹蜺为帔，结于两肩右腋之间，垂两端于背；冠皮冠，非虎非豹，饰以红罽，其状可畏，忽不知其所来，执金匕首，长尺余，拱于将军之前，延声曰：'时到矣！'将军频眉揖之，唯而走，自西厢历阶而上，当御座后，跪以献上。既而左右纷纭。上头眩，音乐骤散，扶入西阁，久之未出。"

皇帝被所谓的大将军逼死，殿内一片哀号："自内阁及诸门，吏莫不呜咽群辞，或收血捧舆，不忍去者。过宣政殿，二百骑引，三百骑从，环殿引翼而出。如风如雷，飒然东去，出望仙门。"

故事没有提到皇帝是谁，但这本书的作者李复言，原本也是永贞革新派的成员，唐顺宗时任度支巡官、左拾遗，唐宪宗继位后他自然没逃过，被贬为彭城（今江苏徐州）县令，这样的经历联系到书中的弑君惨案，很难不让人猜测是在影射唐顺宗之死。

比起骤然驾崩的唐顺宗，同样因失意被贬而流落天涯的同僚，更叫刘禹锡记挂感伤。

生离还让人心存团聚的希望，山水迢迢，还有诗文书信相通；贬谪远地，总会有任期结束的一日，但死别呢，只能叫人心生痛苦和抑郁。

第一个，便是王叔文。

刘禹锡在自传中对王叔文的评价不低，说他自称前秦宰相王猛的后人，颇有远祖遗风，能言善道，擅长口才辩论。

然而永贞革新失败后，王叔文被贬，第二年被刺死，唐宪宗在《贬王伾开州司马、王叔文渝州司户参军制》中宣布其罪状："漏泄密令，张皇威福，畜奸冒进，黩货彰闻。"

远在朗州的刘禹锡得知王叔文的死讯，愤而撰写一篇《华佗论》，借曹操杀华佗一事来抨击唐宪宗杀王叔文，字里行间都是不平之声："吾观自曹魏以来，执死生之柄者，用一恚而杀材能众矣。又乌用书佗之事为？呜呼！前事之不忘，期有劝且惩也。"

终其一生，哪怕史官对王叔文的评价都不高，刘禹锡却未曾说过一次王叔文的坏话，甚至多年之后，他依然在怀念当初结交的这个政治盟友，自传中也是对他称赞有加。

世人都说王叔文人品不佳，政治目光短浅，但在刘禹锡看来，至少在两人的相处中，王叔文没有任何对不起他的地方，三十多岁直接参与国家决策，拉入团队后以宰相之礼对待他，为了他的仕途不惜得罪人。前尘往事不可追，但那些情意却铭刻于心，哪怕在朗州战战兢兢，他依然忍不住撰文替王叔文疾呼，大鸣不平。

这便是刘禹锡的性情和脾气，哪怕跌落到这样荒凉之地，他也不会任由愤懑之情积压心中，痛苦要宣泄，愤怒要疾书，自己可以忍受不公，但不能对朋友的困境坐视不管，哪管是天要塌还是地要陷。

转眼熬到元和六年（811年），吕温也走了。

比起王叔文，吕温和刘禹锡除了官场上的往来，私下更是志同道合的好朋友，此外，吕温还是柳宗元的表亲，二人的感情非常深厚。

当初永贞革新失败，吕温因出使吐蕃未归，躲过一劫，后因与宰相李吉甫有隙，被排挤出京，遭贬为道州刺史。

不以贬谪为苦楚，吕温在道州做出了政绩，改任衡州刺史，眼看着仕途才刚刚开始好转，四十一岁的年纪，却撒手人寰。

吕温去世后，"湖南人上戊重社，去乐废酒，哭于神所而归"，作为朋友的刘禹锡等人，得知这一噩耗，悲痛万分，刘禹锡写下了《哭吕衡州，时予方谪居》一诗：

> 一夜霜风凋玉芝，苍生望绝士林悲。
>
> 空怀济世安人略，不见男婚女嫁时。
>
> 遗草一函归太史，旅坟三尺近要离。
>
> 朔方徙岁行当满，欲为君刊第二碑。

一边痛惜好友客死异乡，一边想到自己被贬在外，无缘相见，刘禹锡只能立下誓言，表示自己谪居期满后，要为亡友重写一篇碑文。

十年后，吕温之子带着父亲的文稿前来拜访刘禹锡，刘禹锡在集序里盛赞这位旧友的才华，"始以文章振三川，三川守以为贡士之冠。名声四驰，速如羽檄，长安中诸生咸避其锋。两科连中，铦刃愈出"。

想到亡友早逝，刘禹锡依然痛心不已，将他的命运与贾谊相比，认为他的治国之才堪比荀子，"和叔年少遇君而卒以谪似贾生，能明王道似荀卿"。

吕温的离世，给了刘禹锡不小的打击。寄情山水，求仙问道，涉猎禅学，对于刘禹锡而言，都只是消遣，来到朗州，他没有一刻放弃过回京的梦想，时刻关注着京城的动态。

盛唐时期的王昌龄被贬，给朋友饯行赋诗《送吴十九往沅陵》："远谪谁知望雷雨，明年春水共还乡。"不知道刘禹锡是否读过这首诗，反正在朗州这些年，刘禹锡在沅江边上走了个遍，心没有一刻不记挂着京城，盼着赦免的诏令像春雷一样及时到达。

元和元年（806年）正月，唐宪宗发布《改元元和赦文》，以改年号为元和的名义大赦天下，"常赦所不原者，咸赦除之"。

闻讯刘禹锡立马写了一封《上杜司徒书》，洋洋洒洒两千多字，寄给自己的老上司杜佑，为自己求情。

在这封信中，刘禹锡剖析了自己仕途落得这样惨淡的原因。他认为主要是有小人挑拨，自己出事后杜佑没有任何援助，也是有人教唆的缘故。自己之所以被贬后一句牢骚都不说，是因为认为可以靠真诚来打动人，总会换来理解。然而现今的遭遇，让他意识到原来并非如此。

有意思的是，这封信里刘禹锡还特意搬出韩愈，说他之所以写信给杜佑求情全是韩愈的劝说。

当初刘禹锡跟韩愈在江陵见面，刘禹锡将自己被贬的原委说给韩愈听。韩愈对他的遭遇非常同情，认为他被贬是"遭诬"的结果。作为朋友，韩愈更加鼓励他不要消极沉沦，不要认为甘愿受诬陷就是贤良君子，摔倒的人，想要起来，一定要呼喊求救；生病的人想要痊愈，一定要呻吟着求医治疗。

此外，长他四岁的韩愈，尽管非常同情他的遭遇，甚至以李斯被逐和邹阳被囚而后受到重用，做出一番政绩的史例来开导他，只可惜韩愈即将赴任法曹参军，人微言轻，对于刘禹锡的现状也帮不上太大忙，便给他出主意：杜佑在朝中威望甚高，加上对你还有知遇之恩，对你相当了解，如果他能说上几句好话，应该会比现在好很多。

瞿蜕园曾推论刘禹锡是假借韩愈之口行求情之事，理由是刘禹锡和韩愈十月在江陵相聚，当时刘禹锡还没接到被贬朗州司马的诏令，而韩愈也不可能提前安慰。

韩愈的确不太可能给刘禹锡出主意，让他主动找杜佑，因为当时两人的关系并没有那么亲近。

贞元十九年（803年）冬，韩愈和刘禹锡都还在御史台的时候，关中大旱，韩愈和同僚张署秘密上疏，请求缓征今年赋税。

然而奏疏上去后，贬诏就下来了，韩愈被贬为连州阳山县令，张署被贬为临武县令。

两年后的永贞革新，李实被处理，刘禹锡和柳宗元得势，作为朋友的韩愈并没有等到让自己回京的诏令，反而从阳山被打发去江陵，因此他怀疑当初是刘禹锡和柳宗元泄密，导致自己收拾包袱走人，现在还被迫漂泊在外。

为此，韩愈在《赴江陵途中寄赠王二十补阙李十一拾遗李二十六员外翰林三学士》（王涯、李建、李程）一诗中愤愤不平，吐露自己的怀疑，将自己被催促着扫地出门的惨状和盘托出："同官尽才俊，偏善柳与刘。或虑语言泄，传之落冤仇。二子不宜尔，将疑断还不。中使临门遣，顷刻不得留。"

难怪韩愈会多想，柳宗元做过蓝田尉，刘禹锡当过渭南主簿，当时两人都归京兆尹李实所辖，迫于上级的威严，两人偏袒告密不是没可能。

原本大家压根就不是一个阵营的队友，在韩愈眼里，这份所谓的铁三角友谊就显得相当脆弱了。

这年冬天，韩愈过得很艰难，六月侄子死了，他哭着写完一篇《祭十二郎文》，"一在天之涯，一在地之角，生而影不与吾形相依，死而魂不与吾梦相接"，寒冬时节，他往南走上漫漫长路，山路崎岖，江河凶猛。

韩愈考进士考了四次，博学鸿词科连考三次落选，在洛阳穷困潦倒，好不容易通过吏部考核，更进了御史台，如今却落得被贬阳山县令的命运，肯定气不打一处来。

现在的他，两鬓斑白，视力模糊，牙齿都开始脱落了，第二年春天到连州阳山，"陆有丘陵之险，虎豹之虞；江流悍急，横波之石，廉利侔剑戟，舟上下失势，破碎沦溺者往往有之"。

经历这么多波折，韩愈还给人写诗映射刘禹锡和柳宗元，一年后和刘禹锡只是聚会应酬一下，不太可能给刘禹锡出主意，让他向杜佑求助。

元和元年（806年）八月，唐宪宗下诏说："左降官韦执谊、韩泰、陈谏、柳宗元、刘禹锡、韩晔、凌准、程异等八人，纵逢恩赦，不在量移之限。"彻底堵死了刘禹锡等人的回京念想。

刘禹锡还有一首《昏镜词》，以照镜子来讽刺唐宪宗对革新派的耿耿于怀，以及周围佞臣的挑拨。

把在位者说成爱照昏镜的丑八怪，用语辛辣大胆，刘禹锡算是同时代最放荡不羁的文坛政客：

> 昏镜非美金，漠然丧其晶。
> 陋容多自欺，谓若它镜明。
> 瑕疵既不见，妍态随意生。
> 一日四五照，自言美倾城。
> 饰带以纹绣，装匣以琼瑛。
> 秦宫岂不重，非适乃为轻。

诗前的引言里，刘禹锡说工匠将十面镜子放入柜中待售，其中只有一面光洁明亮，剩下九面都模糊不清。

有人说，这镜子的好坏区别太大了，制镜的工匠却笑眯眯地谈起生意经："不是每面镜子都没法做到光洁明亮，只是商人仅仅想把镜子卖出去而已。如今逛集市的人，一定是精挑细选，想要找到与自己容貌相匹配的镜子。如果镜子太过清晰明亮，就不能掩盖照镜者容貌上的瑕疵，不是面目姣好的人用这样的镜子就不合适，所以喜欢买模糊镜子的人十之八九，喜欢明镜的人十难有一。"

让我们来看看这面昏镜，不是优质的青铜材料所制，镜面上模糊不清，连光泽都消失了。只是那容貌丑陋之人，常常喜欢自欺欺人，非要把这当成是一面明镜。

反正在昏镜中看不到自己面目丑陋，就可以随便想象自己如何面容华美。一天照个四五次，还以为自己美得倾国倾城。

为了显示对这面镜子的珍视，丑人还要用带花纹的锦绣做成镜带，拿美玉做的匣子来盛放镜子。

难道像咸阳宫宝镜那样的明镜不贵重吗？哎，不过是不合心意，反倒被丑人嫌弃扔掉。

啧啧，把上位没几年的皇帝说成是不辨好坏、亲近小人的丑八怪，把被贬到远州的自己说成是被弃的秦宫宝镜。

领导看不到我的好，不是我的问题，一定是领导有问题，千百年前的刘禹锡，以最硬气的姿态，向后世发来一份职场语录。

只可惜，高昂的头颅看起来潇洒，现实却依然残酷无情。

刘禹锡的长信寄出去，杳无音信，风口浪尖，杜佑也无法给他更多回应。

刘禹锡只能继续在桃源山水中，等待下去。

这一等，就是六年。

六年间，刘禹锡称自己失意多病，心如寒灰，白发丛生。

六年后，刘禹锡终于收到了杜佑的回信，他激动不已，欣然回信《上杜司徒启》，"称谓不移，问讯加剧。重复点窜，一无客言。忽疑此身，犹在门下"，就连杜佑对他的称谓没变这件事，也让他高兴了半天，仿佛还在对方门下：

> 一自谪居，七悲秋气。越声长苦，听者谁哀？汤网虽疏，久而犹注。失意多病，衰不待年。心如寒灰，头有白发。惕厉之日，利于退藏，是以弥年不敢奏记。近本州徐使君至，奉手笔一函。称谓不移，问讯加剧，重复点窜，一无客言。忽疑此身，犹在门下，收纸长想，欣然感生。寻省遭罹，万重不幸。方寸之地，自不能言；求人见谅，岂复容易？伏蒙远示，且曰浮谤渐消，况承庆宥，期以振刷。方今圣贤合德，朝野多欢。泽柔异类，仁及行苇。万族咸说，独为穷人；四时平分，未变寒谷。自同类牵复，又已三年，侧闻众情，或似哀叹。某材略无取，废锢是宜，若非旧恩，孰肯留念？六翮方铩，思重托于扶摇；孤桐半焦，冀见收于煨烬。伏纸流涕，不知所言。

不过刘禹锡这封情意深重的回信，估计杜佑没看到。

信寄出后没多久，元和七年（812年）十一月，杜佑就去世了。

十多年前，刘禹锡追随杜佑，在扬州任职，闲来无事，他游览谢安故宅法云寺，写下一首《谢寺双桧》：

> 双桧苍然古貌奇，含烟吐雾郁参差。
> 晚依禅客当金殿，初对将军映画旗。
> 龙象界中成宝盖，鸳鸯瓦上出高枝。
> 长明灯是前朝焰，曾照青青年少时。

法云寺是东晋谢安的旧宅，后来其姑母削发为尼，便改住宅为寺，故称"谢寺"。

寺中令刘禹锡印象最为深刻的，便是院中的两棵古桧。仰望眼前的古树，遥想当年谢安的英姿，刘禹锡想得更多的，应该还是自己的立业雄心。

桧树苍劲雄奇，郁郁葱葱，枝叶如云雾茂盛，勾勒出寺庙悠久的历史，将人带入那个遥远的时空。

傍晚时分，暮色渐起，僧人们在殿前参禅打坐，树荫蝉鸣，寂静有序；而这里还不是寺庙的时候，霞光辉映，照射出将军的战旗，古树见证了将军的赫赫战功。

黄墙蓝天，高大茂盛的桧木，枝干高耸，笼罩于寺庙之上，如同菩萨头顶的宝盖，蔚为壮观。

淝水之战留功名，见证过谢安的丰功伟绩，庭前的古桧木一如前主人一般，履行自己遮阴蔽日的作用。

古树历经沧桑，仍然青翠如昨，佛前的长明灯依然闪耀着前朝的火焰，又为多少人照亮过光明。

三十岁的刘禹锡，初到扬州，陌生中又因建功的初心有着一丝新奇，谢寺访古，看着生机盎然的桧木，遥想谢公当年的风流潇洒，战功卓越，心中不免荡起一股豪情，吟成此诗。

然而，诗人的命运，未必如自己所写，诚如刘禹锡和杜佑的关系，也没能像他一开始期望的一样交好下去，尽管两人三度上下级关系，但感情最终却愈发疏远。刘禹锡在改革中得势，杜佑则选择避其锋芒；刘禹锡遭贬朗州求救，杜佑选择不予回应。

在刘禹锡写下这首《谢寺双桧》的第二年，杜佑的孙子杜牧出生。再之后，刘禹锡专注竹枝词创作时，二十三岁的杜牧凭借一篇气势雄健、劝解意味浓厚的《阿房宫赋》名扬天下，自此开始兜兜转转的仕途生涯。

杜牧后来给牛僧孺写了一篇墓志铭："故丞相韦公执谊，以聪明气势，急于褒拔，如柳宗元、刘禹锡辈，以文学秀少，皆在门下。韦公亟命柳、刘于樊乡访公，曰愿一得相见。"文中提到过去韦执谊提拔了刘禹锡，简单而客观，没带什么个人感情色彩。

历史就是这么奇妙，旁人眼中的主角，只是另一篇墓志铭中的注脚。

他们有共同的朋友，有一样的削藩政治理想，甚至一样的贬谪生涯，却没什么私交，人与人之间的感情就是这么玄妙，可能随风而散，也可能有着机缘，却未必能走到一起。

刘禹锡与杜佑的关系，就这样戛然而止。

时间线拨回刘禹锡向杜佑第一次写信求助的时候，对方音信全无，刘禹锡在朗州继续桃花流水的生活。

转眼三年后，郴州司马程异因李巽的举荐复起，当初一同遭贬，昔日同僚重新被起用，而举荐人是在唐宪宗继位以后进入中枢的，跟当初的革新派并没关系，这无疑让刘禹锡再度看到希望，为此他选择寄《上淮南李相公启》给李吉甫，并献诗两首，向其言志：

某向以昧于周身，措足危地。骇机一发，浮谤如川；巧言奇中，别白无路。祝网之日，漏恩者三，咋舌兢魂，分终裔壤。岂意天未剿绝，仁人登庸，施一阳于剥极之际，援众溺于坎深之下。南箕播物，不胜昌言；危心铄翮，羼是自保。阴施之德，已然乃闻，受恩同人，盟以死答。私感窃抃，积于穷年；化权礼绝，孤志莫展。今幸伍中牵复，司存宇下。伏虑因是记其姓名，谨献诗二篇，敢闻左右。古之所以导下情而通比兴者，必文其言以表之。虽盯谣俚音，可俪风什。伏惟降意详择，斯大幸也。谨因扬子程留后行，谨奉启不宣。

不得不说，即便到了这般地步，刘禹锡依然底气十足，哪怕是向对方写求救信，在谈到自己的诗作时，依然是抑制不住的自信，称其尽管是乡间民歌，依然可以媲美《诗经》中的十五国风。

哪怕身处谷底，他满腔的才华，仍可以给予他无穷的勇气和信心，让他不需要低眉折腰，能够同对方平等对话。

话都说到这份儿上了，李吉甫与刘禹锡也没有旧仇，便委婉暗示他，想要起复，需要与旧敌武元衡化解仇怨，自己会尽力帮他同武元衡搭线。

李吉甫把自己同武元衡唱和的诗词寄给刘禹锡，希望刘禹锡把握机会。

武元衡跟李吉甫同岁，恰好前几年又同日拜相，这样的机缘给了刘禹锡主动与武元衡和解的契机。

刘禹锡不是不知道李吉甫的用心，赶紧写了一首《奉和淮南李相公早秋即事，寄成都武相公》，对武元衡的功绩大吹特吹，盛赞对方为国之栋梁：

> 八柱共承天，东西别隐然。远夷争慕化，真相故临边。
> 并进夔龙位，仍齐龟鹤年。同心身已济，造膝璧常联。
> 对领专征寄，遥持造物权。斗牛添气色，井络静氛烟。
> 献可通三略，分甘出万钱。汉南趋节制，赵北赐山川。
> 玉帐观渝舞，虹旌猎楚田。步嫌双绶重，梦入九城偏。
> 秋与离情动，诗从乐府传。聆音还窃抃，不觉抚么弦。

两位大人身居高位，登堂拜相，功绩照亮一方百姓，我不高明地和诗一首，希望大人不要跟我这个远郊的小人物一般见识。

刘禹锡将自己的姿态放得很低，努力想同对方恢复旧交。

其实，刘禹锡与武元衡的关系没那么差，但是也好不到哪儿去。当初永贞革新时，王叔文等人想劝武元衡加入，派刘禹锡去当说客，却被婉拒，结下了梁子，在王叔文的操作下，武元衡被贬为右庶子。

如今，王叔文早已长眠地下，与其交好的刘禹锡在武元衡手里，自是讨不着什么好处。

不过武元衡心胸并没有那么狭窄，收到刘禹锡的和诗，托人带信给刘禹锡，致以问候，还赠给衣服、彩色缯帛作为礼物。

为此，刘禹锡写了《上门下武相公启》为回信，示弱诉苦称自己没有兄弟姐妹，孤身一人，家里还有老母，九年来居住在落后之地，苦不堪言。刘禹锡又向对方提及，元和七年（812年）朝廷有起用八司马之议却不了了之，希望自己能得到对方的帮助。

同一时期，刘禹锡还向也是宰相的李绛写信《上中书李相公启》，同样以自己没有手足兄弟来打感情牌，努力表达自己想为朝廷做贡献的决心：

> 去年国子主簿杨归厚致书相庆，伏承相公言及废锢，悯色甚深。哀仲翔之久谪，恕元直之方寸。思振淹之道，广锡类之仁。远聆一言，如受华衮。伏自不窥墙仞，九年于兹，高卑邈殊，礼数悬绝。虽身居废地，而心恃至公。
>
> 伏以相公久以讨谟，参于宥密。材既为时而出，道以得君而专。令发于流水之源，化行犹偃草之易。习强优者自纳于轨物，困枿轴者咸跻于仁寿。六辔在手，平衡居心。运思于陶冶之间，宣猷于鱼水之际。然能轸念废物，远哀穷途。嗟哉小生，有足悲者。内无手足之助，外乏强近之亲。为学苦心，本求荣养；得罪由己，翻乃贻忧。扪躬自劾，愧入肌骨。祸起飞语，刑极沦骨。心因病怯，气以愁耗。
>
> 近者否运将泰，仁人持衡。伏惟推曾、闵之怀，怜乌鸟之志；处夔、龙之位，伤屈、贾之心。沛然垂光，昭振幽蛰；言出口吻，泽濡寰区。昔者行苇勿伤，枯骼犹掩，哀老以出弊，悯穷而开怀。无情异类，尚或婴虑。顾惟江干逐客，曾是相府故人，言念材能，诚无所取；譬诸飞走，庸或知恩。呜呼！以不驻之光阴，抱无涯之忧悔；当可封之至理，为永废之穷人。闻弦尚惊，危心不定；垂耳斯久，长鸣孔悲。肠回泪尽，言不宣意。

只可惜求救信写了一堆，政敌们表面上也与他关系过得去，但说到起复回京，那叫一个石沉大海。

这磕磕绊绊的十年中，刘禹锡还尝到了痛失挚爱的滋味。

元和七年（812年），刘禹锡的结发妻子薛氏不幸去世，她为刘禹锡留下二子一女。

　　刘禹锡文集中关于亡妻薛氏的文字不多，但凭薛氏去世后他未曾续娶，仅抚养几个孩子长大来看，刘禹锡跟薛氏应该感情甚笃。

　　薛氏离世，刘禹锡作《伤往赋》悼念亡妻，在序言里，他称人之所以异于飞禽走兽，是因为重情重义，与妻子相守九年却不得不面临死别，这样沉重的痛苦只能通过文字来排遣，希望看过文字的人会因此增进夫妻感情。

　　即便是内心承受与爱妻死别的痛苦，依然希望别人能伉俪情深，携手白头，以自己的泪水，来增加旁人的快乐，这样的胸怀，是旁人所不能及的。

　　赋中刘禹锡道尽鳏夫的心酸。房间空空荡荡，过去纵使身居此处，有妻子相伴，依然可以苦中作乐，如今枕头上还留有妻子的气息，房间的角落都是妻子布置过的痕迹，一点一滴，都是相处的美好记忆。

　　如今，望见便倍感凄凉孤独，这番抑郁悲伤的心情，又该跟谁说？只能坐在床边哄着孩子入睡，希望梦中能短暂相聚。

　　妻子死后，瑟已僵弦也断，妻子梳妆的镜奁也空了，更不用提过去被妻子打扫得干干净净的炉子，积攒了灰尘，半天也暖不起来。

　　鳏居期间，刘禹锡还写下《谪居悼往二首》，这样孤独悲苦的诗句，在他的文字中并不多见，大概在面对至亲时，刘禹锡才会放下那层坚强的外壳，流露出脆弱柔软的一面：

其一

邑邑何邑邑，长沙地卑湿。

楼上见春多，花前恨风急。

猿愁肠断叫，鹤病翘趾立。

牛衣独自眠，谁哀仲卿泣。

其二

郁郁何郁郁，长安远于日。

终日念乡关，燕来鸿复还。

潘岳岁寒思，屈平憔悴颜。

殷勤望归路，无雨即登山。

　　爱意不会断绝，而那些美好的时光已然过去，纵使前路艰难，也要带着孩子们前行，自己的人生，不断增加重量，肩负着那些离别之人的生命，要努力活下去，更加精彩地活下去。

第三章　道是无晴却有晴

题诗风波

在贬谪九年多之后，朝中终于松了口，"执政有怜其才欲渐进之者，悉召至京师"，刘禹锡终于奉诏回京，和他一起等来这个好消息的，是同样在蛮荒之地永州待了十年的柳宗元，以及韩晔、韩泰、陈谏等人。

元和九年十二月（815年2月），刘禹锡收拾行囊返回长安。北上之路漫长，当初走得一步一惆怅，如今一步一欣喜。

春寒料峭，长安的花在风中悄悄地冒出花骨朵，垂柳还没来得及抽芽，只是恐怕即将见到的长安城，繁华如旧，城里早已物是人非。

悲喜交集的刘禹锡，难以抑制内心的激动，夜宿驿站时，写下一首诗《元和甲午岁诏书尽征江湘逐客余自武陵赴京宿于都亭有怀续来诸君子》：

> 云雨江湘起卧龙，武陵樵客蹑仙踪。
> 十年楚水枫林下，今夜初闻长乐钟。

朝廷的诏令来得如此突然，宛如天外惊雷，势不可当，让这些年的沉郁一扫而空，我们这些沉寂多年的"卧龙"，终于要一跃而起，阔别泥潭，我这样偏居武陵的樵夫，可以和大家一同等待被起用了。

十年放逐生涯，回到京城，宫中钟声响起，悠长的钟声，听起来有些熟悉，又那么陌生，钟声敲响的时刻，十年前殿前听音似乎已是上一世的记忆，这长安宫殿，过去真的来过吗？那些挥斥方遒的记忆，是真实存在过的吗？

诗中刘禹锡称赞朋友们是匡时济世的"卧龙"，谦称自己是"武陵樵客"，并非看轻自己，而是以十年被贬生涯自嘲。

楚水枫林，长乐钟声，是也非也，仿佛是一场梦，十年里，无数次梦回长安，然而真要快到达城门时，反而有些不安和害怕，有些彷徨和迷茫，这次奉诏归来，接下来朝廷真的会重用自己吗？

比起刘禹锡的复杂心境，柳宗元的《诏追赴都二月至灞亭上》则要轻快高兴得多：

> 十一年前南渡客，四千里外北归人。
>
> 诏书许逐阳和至，驿路开花处处新。

这也是柳宗元诗作中难得的欢乐之作，每一句都写满了回家的喜悦。

九月离京，二月归来，由南至北，四千里路，吃尽了苦头，走了整整十年，而人又能有几个十年呢？

可是这些都不重要，因为我终于回来了，春暖花开，诏书忽至，归来的每一步，都那么轻快，官道两侧繁花似锦，一簇簇新开的花朵，似乎都在迎接自己的新生。这般快乐，很难联想到这是后来会写出"一身去国六千里，万死投荒十二年"这样绝望文字的柳宗元所作。

其实二月的长安，哪里就繁花盛开了呢？真正春暖花开、花团锦簇的，应该是柳宗元的心境。与刘禹锡不一样，柳宗元在长安长大，又是河东柳氏，对于长安的感情和归属感自然比刘禹锡更加强烈。

分别的十年中，这对挚友一直没有断了书信往来。

被贬初期，抵达辖所，囿于朝中对革新派的排斥，加上在被贬地的自然环境，彼此来往不多，惴惴不安，生怕又被捏造出一个把柄，导致更糟糕的下场。

当初刘禹锡丧父在洛阳丁忧，孤单惆怅之际柳宗元给他送来一方石砚，久居朗州三年的时候，刘禹锡为自己身处语言不通的环境有些烦恼，文思、造句没什么头绪时，柳宗元又给他寄来千字长信，并附上新写的两篇文章，慰藉离别贬谪之苦，让他从贬官的心绪中回到文学创作的道路上。

纵然偏居一处，但这份友情，并不会被距离阻隔，对于文学和政治的抱负，他们依然和过去一样。

为此，刘禹锡回以一封《答柳子厚书》，表达思念之情，并非常真诚地讨论柳宗元的文章：

零陵守以函置足下书爰来，屑末三幅，小章书，仅千言，申申疊疊，茂勉甚悉。相思之苦怀，胶结赘聚，至是泮然以销，所不如晤言者无几。书竟，获新文二篇，且戏余曰："将子为巨衡，以揣其钧石铢黍。"余吟而绎之。顾其词甚约，而味奫然以长。气为干，文为支，跨跞古今，鼓行乘空。附离不以凿枘，咀嚼不有文字。端而曼，苦而腴，倩然以生，瘤然以清。余之衡诚愁于心，其揣也如是。子之戏余，果何如哉？夫矢发乎羿彀而中，微存乎它人。子无曰"必我之师而后我衡"，苟然，则誉羿者皆羿也，可乎？索居三岁，理言芜而不治，临书轧轧，不具。

长达千字的信，言辞恳切，仿佛是在面对面交谈，而在刘禹锡看来，却觉得尺幅短小，换言之，两人之前应该是无话不谈。

柳宗元寄来自己的新作，还跟刘禹锡开玩笑，说请对方这个高超的评论者来定夺自己文章的实际价值。

作为好朋友，刘禹锡非常捧场，猛夸了一顿，说文章行文简练，意味深远。全篇气势为主干，文辞为枝叶，文字跨越古今，天马行空，自由灵动。

刘禹锡在信中更提出了一个适用于所有写作者的论点。写文章像射箭，后羿射箭，靶子是由别人决定的，你别开玩笑说像我这样的老师才能评价你的文章，如果真是如此，那么称赞后羿的人都能成为后羿了，对吧？

被柳宗元感染，刘禹锡都能说一些冷笑话了。

相隔两地，两人靠着文字和书信关心对方，探讨文学，度过这段难熬的日子。

与他们一起奉诏返京的，还有在江陵待了五年的元稹。

元和十年（815年）正月，元稹奉诏回京城，经过蓝桥驿，大雪皑皑，却挡不住元稹内心的火热与欢喜，他听说遭贬谪的刘禹锡、柳宗元、李景俭等人也在回京路上，应该很快也会抵达蓝桥驿，情不自已，便在驿亭壁上写下一首《留呈梦得、子厚、致用》的七言律诗，期待着他们到达的时候可以看到，字里行间全是抑制不住的快乐：

> 泉溜才通疑夜磬，烧烟馀暖有春泥。
> 千层玉帐铺松盖，五出银区印虎蹄。
> 暗落金乌山渐黑，深埋粉堠路浑迷。
> 心知魏阙无多地，十二琼楼百里西。

积雪初融，繁花似锦，这群失意之人，历经多年贬谪生涯，终于重新回到京城。

真是一群倒霉蛋的聚会。

回来后，在不安的等待中，刘禹锡和柳宗元等人还是有所期待，希望这么多年过去，仕途境遇会有所改变，或许唐宪宗会既往不咎，让他们重新在朝中有所作为。

然而接下来等待刘禹锡的，却不是什么否极泰来、东山再起的机会，反而是一次更残酷的打击。

重游京城，桃花绽放，云霞辉映，早春赏花时，刘禹锡思绪万千，兴之所至，写下了这首《元和十年自朗州承召至京戏赠看花诸君子》，却不想为他和朋友招来祸端：

> 紫陌红尘拂面来，无人不道看花回。
> 玄都观里桃千树，尽是刘郎去后栽。

"玄都观里桃千树，尽是刘郎去后栽"，一下子将长安城的新贵讽刺成在我被贬离开京城后靠阿谀谄媚爬上来的宵小，想当年我风光的时候，你们这些小角色还不知道在哪儿呢。

别人都是桃花运，到了刘禹锡身上，只能用桃花劫来形容。朗州十年，让刘禹锡成了桃花源代言人；回到长安的这首桃花诗，却为刘禹锡招来厄运。

"尽是刘郎去后栽"，从容又自信，完全没有十年苦寒之地煎熬的心酸，如鸿鹄展翅，不会将燕雀放在眼里。

其实刘禹锡等人奉诏回京，不过是朝廷党派斗争的一个缓冲结果，李吉甫去世，新上任的宰相韦贯之与刘禹锡这些革新派的成员没什么直接利益关系，偏重实干，所以选择起用刘禹锡等人。

当然，刘禹锡能回京，很大程度上也有好友御史中丞裴度的求情。

也就是说，其实京城内看刘禹锡等人不顺眼的，依旧大有人在，正找机会挑他的错处。

因此这首桃花诗一出，长安城哪里还容得下刘禹锡，一句"语涉讥刺，执政不悦"，就将他打发去更偏僻的播州（今贵州遵义）当刺史。

之前是阴霾中乍见雷声，奉诏回京，如今是晴天霹雳，难以预料今后的命运。

为此，作为朋友，裴度赶忙在唐宪宗面前替刘禹锡求情："播州太远了，都是野蛮人居住的地方，民风不开化。刘禹锡的母亲八十多岁了，倘若去了，恐怕得与儿子死别，就让他去个近一点的地方吧。"

裴度知道唐宪宗孝顺生母王氏，特地搬出太后当借口，辩称让刘禹锡去播州，有伤唐宪宗以孝治天下的宗旨。

气头上的唐宪宗不吃这套，对刘禹锡是怎么看怎么不顺眼，毕竟在宪宗眼里，革新派就是原罪，更不用说刘禹锡这首炫耀的桃花诗，所以他直接拒绝裴度："为人子就应当谨言行事，不让至亲担忧。如果刘禹锡指望其他人帮他求情，更加罪无可赦。"令裴度无言以对。

当然，给了大棒，也不忘给胡萝卜。质问完裴度后，唐宪宗缓了口气，加上柳宗元"以柳易播"义气满满的求情，唐宪宗改口说："我说的话，只是责问儿子，并不是想伤害他的亲人。"因此下旨将刘禹锡改贬到连州。

《新唐书》中提到的"执政不悦"引发过不少猜测，很多人都根据革新派的对立派，以及担任的官位大小，将这顶不悦的"执政"帽子扣到了武元衡身上，甚至说刘禹锡等人之所以十年不能回京，全是武元衡的阻挠。尤其是《资治通鉴》，直接点出了武元衡的名字。

但个人觉得，武元衡这锅背得有些冤枉。

前面说过，刘禹锡在朗州期间，曾写信给武元衡吐露真情。

通过李吉甫当中间人，作《奉和淮南李相公早秋即事，寄成都武相公》，李吉甫自元和三年（808年）起被任命为淮南节度使，因此这首诗写作时间应该在元和三年（808年）之后。

元和六年（811年）左右，刘禹锡还作有《江陵严司空见示与成都武相公唱和，因命同作》一诗：

> 南荆西蜀大行台，幕府旌门相对开。
> 名重三司平水土，威雄八阵役风雷。
> 彩云朝望青城起，锦浪秋经白帝来。
> 不是郢中清唱发，谁当丞相揆天才！

从这诗题来看，这两首诗都是称武元衡为成都武相公，且都是官场上的应酬捧场之作，可以推论均作于武元衡担任西川节度使之时。

根据武元衡的年表，元和二年（807年）至元和六年（811年）间根本不在朝中，要指使谏官反对起用刘禹锡等人，实在犯不着，后来因刘禹锡一首桃花诗就不爽，要把刘禹锡赶出京城，说服力也不是很强。

更何况当初因政见不同，刘禹锡和柳宗元被贬远地后，除了刘禹锡等人的主动交好，武元衡自己也有打破僵局，慰问老同事。

元和六年（811年）左右，担任剑南西川节度使的武元衡，曾主动问候远在永州的柳宗元，让身处蛮荒之地的柳宗元激动不已，"奉读流涕，以惧以悲，屏营舞跃，不敢宁处"，在蛮荒之地收到故交来信，柳宗元感动得涕泪交加。

刘禹锡和柳宗元在御史台时期，与武元衡关系还不错。

当时刘禹锡以及吕温，还与武元衡有唱和之作，诸如《和武中丞秋日寄怀简诸僚故》：

> 退朝还公府，骑吹息繁音。吏散秋庭寂，乌啼烟树深。
> 威生奉白简，道胜外华簪。风物清远目，功名怀寸阴。
> 云衢念前侣，彩翰写冲襟。凉菊照幽径，败荷攒碧浔。
> 感时江海思，报国松筠心。空愧寿陵步，芳尘何处寻。

作为礼部员外郎，那时柳宗元与武元衡的往来更多一些：唐德宗分赐樱桃给群臣，柳宗元替武元衡写《为武谢赐樱桃表》；武元衡发现御史台官署历届中丞记载多有缺漏，便找柳宗元写《诸使兼御史中丞壁记》补齐。

在这篇《诸使兼御史中丞壁记》里，柳宗元对武元衡颇有赞颂：

> 古者，交政于四方谓之使。今之制，受命临戎，职无所统属者，亦谓之使。凡使之号，盖专焉而行其道者也。开元以来，其制愈重，故取

御史之名而加焉。至于今若干年，其兼中丞者若干人。其使绝域，统兵戎，按州部，专货食，而柔远人，固王略，齐风俗，和关石。大者戡复于内，拓定于外。皆得以壮其威，张其声，其用远矣。假是名以莅厥职，而尊严若是，况乎总宪度于朝端，树风声于天下，其所以翼于君、正于人者，尤可以知也。武公以厚德在位，甚宜其官。视其署，有记诸使兼御史中丞者而多阙漏，于是求其故于诏制，而又质于史氏，增益备具，遂命其属书之。且曰：由其号而观其实，后之居于斯者，有以敬于事。

既然这几个人交情还好，那么书中的"执政"不是武元衡，又会是谁呢？

我们不妨大胆说出一个最可能的名字：唐宪宗。

当初革新派以王叔文为首，反对立李纯为太子，打算拥立唐顺宗宠妃牛昭容的儿子，这种做法，对于后来成功继位的宪宗来说，近乎谋逆。

所以唐宪宗一上台，立马开始对付革新派，将刘禹锡等人贬去远州，第二年直接赐死王叔文。

记着当初立太子之仇，所以纵使大赦天下，唐宪宗也要专门下旨韦执谊、刘禹锡、柳宗元等八人不在量移之限，哪怕十年后，依然余怒未消。

然而即便内心有这样的猜测，刘禹锡等人也无法更不敢说出口，否则会招来更大的祸事。

甚至连长安的夏日还没等到，刘禹锡等人只能收拾行囊，再度踏上远行之路，就连带着对革新派表示过同情的元稹，也被贬为通州（今四川达州）司马。

几个月前，大家还兴致勃勃，题诗赏花，对未来充满期待；几个月后，大家先后灰溜溜地出京，各自踏上未知的路程；再之后，六月初三清晨，武元衡上朝前当街遇刺身亡，御史中丞裴度也被砍伤，元稹的好友白居易，力主缉拿凶手，却被认为是越职言事，遭贬为江州（今江西九江）司马。

白居易路过蓝桥驿，想到比自己先遭贬谪的好友元稹，一时感慨万千，赋诗一首《蓝桥驿见元九诗》：

蓝桥春雪君归日，秦岭秋风我去时。
每到驿亭先下马，循墙绕柱觅君诗。

历史就是如此吊诡，刘禹锡等人被贬出京城并不是因为武元衡的不满，而白居易被迫"独善其身"却是因为对武元衡遇害仗义执言。

元和十年（815 年），唐宪宗准备讨伐淮西吴元济，吴元济求救于成德节度使王承宗、淄青节度使李师道。淮西之乱起，主张强势对抗藩镇的唐宪宗决定派军讨伐，李师道却胆大包天，派刺客赴京，当街刺杀准备出兵的宰相武元衡。

报晓的晨鼓刚敲过，晦暗的天色未明，武元衡出了门，准备去大明宫上朝，只是他不知道，自己踏上的是一条死亡之路。

刚出靖安坊东门，武元衡就遭遇刺杀，一击毙命，不多时，同样准备上朝的裴度也遇刺，因刺客疏忽，得以幸存。

天子脚下，当街杀人，当朝宰相被杀，还被割下头颅，手段残忍，做法嚣张，一时天下哗然。

武元衡遇刺的血案发生在刘禹锡刚到连州半月后，纵然远离京城的是非，但这桩震惊天下的惨案，也很快传到了刘禹锡这边。

得知武元衡遇害的消息，刘禹锡写下《代靖安佳人怨二首》以示悼念：

靖安，丞相武公居里名也。元和十年六月，公将朝，夜漏未尽三刻，骑出里门，遇盗，薨于墙下。初，公为郎，余为御史，�是有旧故。今守于远服，贱不可以谏，又不得为歌诗声于楚挽，故代作《佳人怨》，以禅于乐府云。

其一

宝马鸣珂踏晓尘，鱼文匕首犯车茵。

适来行哭里门外，昨夜华堂歌舞人。

其二

秉烛朝天遂不回，路人弹指望高台。

墙东便是伤心地，夜夜流萤飞去来。

　　刘禹锡这两首诗在当时没引发什么争议，却在后世，尤其是宋代以后被不断放大，不少学者认为这两首诗透露出刘禹锡为人心胸狭隘。

　　诗歌乍一看，行文非常工整，前一首描述武元衡遇刺经过，显露行刺的突然和无常。

　　前两句如同电影镜头一般，近乎白描展现车马行进，刺客乍现，持匕首行刺的画面。后两句写行刺成功，武元衡命丧黄泉，只听到府内阵阵哭声，而昨晚的欢歌热舞，跟今日的悲痛形成鲜明对比。

　　第二首就更好理解了，武元衡死后，殒命之地已是伤心之处，夜间还有流萤飞舞，暗示生死无常。

　　按理说武元衡一生功绩无数，悼念时可以写的漂亮话要多少有多少，就连当初为了庆祝拜相时刘禹锡写的《奉和淮南李相公早秋即事，寄成都武相公》，也比这两首要正面得多。

　　两首悼念诗里，武元衡的政绩和削藩主张一句不提，反而是以姬妾的视角来表示哀悼，尤其是当时舆论环境，武元衡最被诟病的就是私生活，所以全诗读下来，难免不令人多想。

　　其实按照刘禹锡耿介的性格，这两首诗倒未必藏有一些小心思。若是有这份心思并不是幸灾乐祸，更像是感叹命运无常。

　　毕竟，刘禹锡和柳宗元被诏回时，与武元衡的关系还算缓和，刘禹锡这时候给武元衡留书《谢门下武相公启》：

　　某一坐飞语，废锢十年。昨蒙征还，重罹不幸。诏命始下，周章失图；吞声咋舌，显白无路。岂谓乌鸟微志，恻于深仁，恤然动拯溺之怀，煦然存道旧之旨。言念觳觫，慰安苍黄；推以恕心，期于造膝。重言一发，睿听克从。回阳曜于肃杀之辰，沃天波于蹭蹬之际。俾移善地，获奉安舆。率土知孝治之源，群生识人伦之厚。感召和气，发扬皇风。岂惟匹夫，独受其赐？某即以今月十一日到州上讫。守在要荒，拘于印绶。巾韝诣谢，有志莫从。诚知微生，不足酬德。捐躯之外，无地寄言；效节萧屏，虔然心祷。无任恳悃屏营之至。谨勒军事衔官、左威卫慈州吉昌府别将员外置同正员常恳奉启起居，不宣。

　　信中称武元衡对自己照顾有加，"恤然动拯溺之怀，煦然存道旧之旨"，如果前脚与对方还客气亲近，后脚就在悼念诗里阴阳怪气，那就太不符合刘禹锡坦荡的性格了。

　　武元衡在削藩的政治主张上，与刘禹锡、柳宗元是一样的，过去都曾在御史台任职，却因为所属的党派不同，仕途上升贬不同，关系越发疏远，这样一个似敌似友的人，却突遭横祸，只能说百感交集。

　　相比《代靖安佳人怨二首》的直白，柳宗元的《古东门行》看起来更像是一首讽喻诗：

汉家三十六将军，东方雷动横阵云。

鸡鸣函谷客如雾，貌同心异不可数。

赤丸夜语飞电光，徼巡司隶眠如羊。

当街一呿百吏走，冯敬胸中函匕首。

凶徒侧耳潜惬心，悍臣破胆皆杜口。

魏王卧内藏兵符，子西掩袂真无辜。

羌胡毂下一朝起，敌国舟中非所拟。

> 安陵谁辨削砺功，韩国诅明深井里。
>
> 绝咽断骨那下补，万金宠赠不如土。

诗中以西汉冯敬来指代武元衡，也是颇有深意。冯敬曾与丞相周勃、太尉灌婴共同诋毁才子贾谊，因此这里被不少人看作是柳宗元以冯敬与贾谊的故事来影射武元衡与自己的关系。

全诗前面花了大量笔墨描写武元衡被刺的各种细节，惊悚又可怕，最后"绝咽断骨那下补，万金宠赠不如土"，将吊叹武元衡之死，变成了万金宠赠在生死面前也没什么，感叹世事无常。

可即便如此，柳宗元这首诗也被章士钊吐槽末句春秋笔法，不够庄重，属于白璧微瑕，"全篇气象万千，只表吊叹而不及其他。独末一句略带阳秋，微欠庄重，不免为白璧之瑕尔"。

其实，刘禹锡和柳宗元的这几首诗歌，在当时没有引来什么争议，足见大家并没觉得有何不妥，哪怕作为政敌，带着放大镜也没挑出诗中什么毛病。不然像刘禹锡的桃花诗那样，早就又被骂了一轮。

但宋代对革新派的评价愈发贬低，柳宗元这首诗还被划分到讽喻诗里，而刘禹锡因为桃花诗获罪，加上外界怀疑是武元衡作祟让刘禹锡等人被贬出京城，所以连带着刘禹锡这两首悼念诗也被用来当作批判对象。

刘禹锡在乎这些骂名吗？恐怕未必。按他天不怕地不怕的性子，大概只是将流言当作落在肩上的碎屑，抖一抖，再继续赏花看风景。

说清楚了这两首悼念诗，不得不提到刘禹锡另一首争议颇大的《飞鸢操》：

> 鸢飞杳杳青云里，鸢鸣萧萧风四起。
>
> 旗尾飘扬势渐高，箭头砉划声相似。
>
> 长空悠悠霁日悬，六翮不动凝风烟。
>
> 游鹍翔雁出其下，庆云清景相回旋。

忽闻饥乌一噪聚，瞥下云中争腐鼠。

腾音砺吻相喧呼，仰天大吓疑鸳雏。

畏人避犬投高处，俯啄无声犹屡顾。

青鸟自爱玉山禾，仙禽徒贵华亭露。

朴樕危巢向暮时，毵褷饱腹蹲枯枝。

游童挟弹一麾肘，臆碎羽分人不悲。

天生众禽各有类，威凤文章在仁义。

鹰隼仪形蝼蚁心，虽能庚天何足贵。

这首政治寓言诗里，刘禹锡展现了一个丰富的鸟类世界：鸢、鸬、雁、乌（鸦）、鸳雏、青鸟、仙禽、鹰隼。

诗中将飞鸢刻画得飞扬跋扈，腾空而飞，压制其他鸟类，不可一世，然而看到腐鼠，立马露出贪婪可耻的嘴脸，追逐腐鼠，惊吓其他鸟类。面对贪婪凶残的飞鸢，那些出身高贵的鸟类，也只是事不关己，冷眼旁观。

不难看出，刘禹锡是在托物言志，借由可鄙的飞鸢这一形象，比喻那些玩弄权势的权贵。

而在刘禹锡眼中，纵然飞鸢能嚣张一时，依然敌不过孩童手中的飞弹，落得个"臆碎羽分"的可悲下场。

很多人把诗中中弹而亡的飞鸢与遇刺身亡的武元衡联系起来，认为刘禹锡是在通过这首诗影射武元衡贪婪弄权，最后落得惨淡收场，可谓报应来得及时。

从历史的角度客观来说，武元衡作为力主削藩的权臣，并没有把揽朝政，并没有贪婪弄权之举；从刘禹锡个人角度而言，或许与武元衡有过一些不愉快，但也不至于在其死后这样谩骂，只能认为诗中的飞鸢指代的另有其人。

个人推测，飞鸢这一意象更像是某一群体，比如不把朝廷放在眼里，胆敢派刺客当街杀人的藩镇割据势力。

武元衡遇刺前夜，写下一首清淡的小诗《夏夜作》，诗中透露着些许无奈，大概在冥冥中暗示着不幸的到来：

> 夜久喧暂息，池台惟月明。
>
> 无因驻清景，日出事还生。

夜色已深，周遭的喧嚣暂时停止，寂静之中，只有月亮洒下清辉，照耀着池水楼台，独自一人享受着片刻的宁静与孤独。

只可惜这样的寂静并不长久，等到太阳升起，各种烦恼又会源源不断滋生出来，烦心事一桩接一桩，一天接一天，似乎没个尽头。

谁能想到，这样一首惆怅烦恼的小诗背后，会发生这样耸人听闻的凶杀案呢？

刘禹锡的桃花诗，武元衡的讽诗，诗人们的命运，似乎就牵系在这样一首首诗歌上，喜怒哀乐，悲欢离合。那些生活过、存在过、挣扎过的痕迹，还未说完的话和故事，都存在于文字里，留待后人评说。

连州文脉

刘禹锡从长安出发，一路走了两个多月，终于在五月抵达连州。

这一待，又是近五年的时间。直到元和十四年（819年），刘禹锡才因母丧得以离开。

刘禹锡与连州的缘分，有点转了一大圈又回到原点的意思。

永贞革新失败，刘禹锡被外放为连州刺史，半道上被追贬为朗州司马；十多年后，刘禹锡又来到连州，官职同样还是连州刺史。

只是这一次，刘禹锡的心境颇为不同，兴许是朗州十年的积淀，当他再度被贬时，没有沉沦，反而一腔热血，积极投身政务管理，将连州治理得井井有条。

出发前，朋友们照例为刘禹锡饯行，只不过比起上次大家愁肠满怀，强颜欢笑，这次的宴席上欢乐的氛围要多一些。

这时候的刘禹锡，已经快五十岁了，比起十一年前离京，倒是多了许多信心。大不了从头再来，回不到京城又有什么关系，不至于像上次一样前途未卜，甚至担心被赐死，皇帝不喜欢我我就收拾包袱走人，更何况这次不是司马这样的闲职，在地方上也可以实现自己的治世理想。

为此，即便被贬，失意之心倒没有那么大。

大概是被刘禹锡的乐观感染，在岭南任职过的友人殷尧藩，专门写了一首送别诗《送刘禹锡侍御出刺连州》给刘禹锡：

> 遐荒迢递五羊城，归兴浓消客里情。
> 家近似忘山路险，土甘殊觉瘴烟轻。
> 梅花清入罗浮梦，荔子红分广海程。
> 此去定知偿隐趣，石田春雨读书耕。

连州路程遥远，行程艰难，但朋友啊，你这次前往南方并不是初来乍到，而是如同归乡，家乡的好山好水等你重新去发现。路远且艰，但离家越近，就会忽略旅途的疲惫，就连路上的瘴气，也觉得没那么可怕。

罗浮的梅花，广海的荔枝，南行路上还有这些令人期待的景致等待你去发现，那么多美好事物将消散你的疲惫。

最后更是对刘禹锡抵达连州后的生活进行了一番美好想象，希望他在当地晴耕雨读，享受隐居般的乐趣。

诚然，诗很美，而且比起上一次对连州的未知和担忧，刘禹锡这次显得要淡然许多，尤其是有来自朋友的安慰，自然心情更加爽快。

只不过与喜欢四海游历、世外隐居的殷尧藩不同，刘禹锡此次南行，精神振奋，希望能做出一番政绩。

在去连州的路上，刘禹锡途经郴州，一时感慨，写下一首《度桂岭歌》：

> 桂阳岭，下下复高高。
> 人稀鸟兽骇，地远草木豪。
> 寄言千金子，知余歌者劳。

桂岭（今广西贺州）与连州接壤，翻过桂阳岭，离连州就越来越近了。因此刘禹锡在诗中叹惋，山路崎岖，上上下下没个平地。人迹罕至，鸟兽出门，草木疯长，此处完全是荒山野岭。

地势难行，在刘禹锡描绘的画面中，偏僻的岭南山地，连宽广的官道都难以寻觅，自己一个人踽踽独行，翻山越岭，前路就像自己接下来的人生一样，渺茫未知。

一缕愁绪入怀，然而硬气如刘禹锡，比起失意，更多是一种不服输的韧劲儿。一边咬牙吭哧吭哧前行，一边骂骂咧咧，嘿，这些养尊处优的老爷们，你们知道我这样过桂岭有多难吗！

只不过刘禹锡不愧是唐朝嘴最硬、心态转变最快的诗人，前脚在路上叫苦连天说这里人迹罕至，后脚就开始跑遍连州，跟当地少数民族百姓结交朋友。

刘禹锡到连州上任后，考察了连州的风土民情，根据对历届郡守的政绩，撰写《连州刺史厅壁记》一文，希望自己也能跟这些优秀的前任一样，为当地百姓做实事。文字激昂，字体遒劲，足见刘禹锡对自己的信心：

此郡于天文与荆州同星分，田壤制与番禺相犬牙，观民风与长沙同祖习。故尝隶三府，中而别合，乃今最久而安，得人统也。按宋高祖世，始析郴之桂阳为小桂郡，后以州统县，更名如今，其制谊也。

郡从岭，州从山，而县从其朔。邑东之望曰顺山。由顺以降，无名而相敲者以万数，回环郁绕，迭高争秀，西北朝拱于九疑。城下之浸曰湟水，由湟之外，支流而合输以百数，沦涟汩滴，擘山为渠，东南入于海。山秀而高，灵液渗漉，故石钟乳为天下甲，岁贡三百铢。原鲜而肥，卉物柔泽，故纻蕉为三服贵，岁贡十筒。林富桂桧，土宜陶旒，故侯居以壮闻。石侔琅玕，水孕金碧，故境物以丽闻。环峰密林，激清储阴，海风驱温，交战不胜，触石转柯，化为凉飔。城压赭冈，踞高负阳。土伯嘘湿，抵坚而散，袭山逗谷，化为鲜云。故罕罹呕泄之患，亟有华皓之齿。信荒服之善部，而炎裔之凉墟也。

永贞元年，余始以尚书员外郎坐党累，出补兹郡。居无何，吏议以是迁也不足庚其责，故道贬为朗州司马。后十年，诏书征还抵京师，俄复前命，佩故印绶而南。曩之骑竹马北向相俟者，咸仕郡县，巾構来迎。下车之日，私唁且笑。既视事，得前二千石名姓于壁端，宰臣王睃、幸卿刘晃、儒官严士元、闻人韩泰金拜焉。或久于其治，功利存乎人民；或不之厌官，翘颙载于歌谣。余不佞，从群公之后。肇武德距于今，凡五十有七人，所举者四君子，犹振裘之于领袖焉。元和十一年七月二十四日，刺史中山刘某记。

文章首段简单介绍了连州的天文地理位置和建置沿革，第二段极其详细地记录了连州的山川气候，以及一些特殊的物产，诸如需要上贡的石钟以及纻布、蕉布等。

从山峰和水流的名字，以及物产的名字来看，刘禹锡应该做过了一番详细的调查，才会如此流畅地写出这些文字。

彼时的连州，不过是尚未开发的蛮荒之地，在刘禹锡的笔下，却是山秀而高、土地肥沃、物产丰富之地，不得不说他对连州的感情深厚。

最后一段，刘禹锡自己提起同连州十多年前的缘分，称十年后自己又受命来此，大家夹道欢迎，非常热情，感受到这份热烈的美好，自己见贤思齐，要践行"功利存乎人民"。

旁人眼中避之不及的苦寒之地，在刘禹锡眼里却是秀美河山；官方记载民风未开化，但在他笔下人人热情纯朴，这份达观心态，恐怕很多人都比不上。

十一年前，惴惴不安，前路难料，畏惧远地；十一年后，豁达前行，知交遍天下，励精图治。

朗州的十年，改变或者说激发了刘禹锡，将他生命中那份坚韧的心性、豁达的人生态度，发挥到极致，让他没有随波逐流，自暴自弃，反而是打起精神，越挫越勇，努力为自己创造出一幅浓墨重彩的画作。

与高高在上的上位者不同，刘禹锡经常巡视连州管辖内的桂阳（州治）、阳山、连山三县，深入边寨，主动亲近百姓，深入了解当地人的生活。

连州地处五岭南麓，汉、瑶两族杂居。刘禹锡主动结交瑶族百姓，无疑是向当地人释放汉瑶团结的信号，双方相处更加和平。

此外，同当地人来往多了之后，刘禹锡撰写了一系列刻画当地风土民情的诗歌。这些诗歌，当时通过传播，让更多人认识和了解了瑶族生活，而流传到今天，更是研究瑶族的宝贵资料。

冬日，刘禹锡跟随瑶族猎人上山，写下《连州腊日观莫徭猎西山》，形象生动地还原了打猎的壮观场景，更记录了瑶族日常打猎交易的习俗：

> 海天杀气薄，蛮军步伍嚣。林红叶尽变，原黑草初烧。
> 围合繁钲息，禽兴大斾摇。张罗依道口，嗾犬上山腰。
> 猜鹰虑奋迅，惊鹿时踉跳。瘴云四面起，腊雪半空销。
> 箭头余鹄血，鞍傍见雉翘。日暮还城邑，金笳发丽谯。

腊日射猎，是古人出城游猎的习俗，所得猎物被用来祭祀祖先，而在刘禹锡的记载中，瑶族这天的猎杀，更多是为了筹集过冬物资。

瑶族百姓集体出动，带着猎犬上山，围猎开始。一时间旌旗摇动，犬跃鹰飞，人跑鹿跳，瘴气消散，大雪骤停，场面热闹又壮观，身处其中，很难不被这样的氛围感染。

等到狩猎结束，说得上收获满满，箭头还有残血，鞍旁挂着羽毛，恰到好处的留白，给人更多想象空间。

围猎后还城，黄昏时分，高处传来凄清的胡笳声，忙碌之后迎来短暂的寂静，韵味悠长。

除了这首描写瑶族狩猎的诗歌，刘禹锡还留有《莫徭歌》《蛮子歌》两首，可说是将瑶族的民风及生活状态都进行了记载，以诗歌形式描写少数民族生活，这在唐代士子中算是开了先河。

比起前面的狩猎诗，这两首显得更为日常生活化，但也向我们介绍了瑶族的语言、服饰、文化和宗教信仰，以及瑶族人的生存方式和婚姻关系。

《蛮子歌》用近乎白描的手法，展现了瑶族人民的日常生活面貌，刘禹锡说瑶族人有着自己的语言，穿着彩色的服装，平时上山打猎，节日时打鼓祭祀始祖盘王。与旁人不同，他们居住在深山中，砍柴打猎，靠山生活。

在这首诗里，其实刘禹锡也隐晦提到了瑶族人选择这样的生活方式，与当时的民族歧视有关。瑶族人走在路上，碰到车马行驶而过，都会吓得像受惊的小动物。

> 蛮语钩辀音，蛮衣斑斓布。
> 熏狸掘沙鼠，时节祠盘瓠。
> 忽逢乘马客，恍若惊麏顾。
> 腰斧上高山，意行无旧路。

《莫徭歌》则从社会角度，介绍了瑶族的生存方式和婚姻。刘禹锡提到瑶族生活在山里，自称是盘瓠的后人，然而符籍中没有记载他们的名字。

瑶族人喜欢将采集到的山珍野货，与外来的船商交换日常用品，瑶族女子遇上喜欢的人，不经媒妁之言就能与之成婚。

瑶族人散居在有泉水的地方，刀耕火种，为了寻找水源，不惜长途跋涉，勤劳勇敢。

> 莫徭自生长，名字无符籍。
> 市易杂鲛人，婚姻通木客。
> 星居占泉眼，火种开山脊。
> 夜渡千仞溪，含沙不能射。

表面上刘禹锡写的是瑶族的日常生活，实际上诗中提到瑶族人黄昏时去交易日常用品，夜晚赶路回山寨，也侧面反映了当地民族矛盾缓解，当地治安很好。

在连州，刘禹锡留意到百姓受瘴气之苦，当地医疗并不发达，为此他想到自己这些年积攒的经验和理论，将手中的医方整理成册，编写《传信方》医书，治病救人，后来更是广为流传。

刘禹锡记载的《传信方》多有效呢？

书中曾有记录："贞元十年，通事舍人崔抗女，患心痛垂绝，遂作地黄冷淘食，便吐一物，……遂愈。"

当初在长安，刘禹锡就已经通过自己的药方，神奇地治愈了患有心痛的快死之人。

由此可以看出刘禹锡这本医书的实用效果，当年那个孱弱的少年，经历了疾病的折磨，如今终于可以为更多人撑起一把庇佑的大伞，遮风挡雨。

此外，刘禹锡还派人重新疏浚了连州的海阳湖，建立切云亭、云英潭、飞练瀑等景点，为当地百姓，乃至外来游客提供了难得的美景。

为此，刘禹锡在《海阳湖别浩初师》诗里，非常自豪地称"会吾郡以山水冠世，海阳又以奇甲一州"。

　　引：潇湘间无土山，无浊水，民乘是气，往往清慧而文。长沙人浩初，生既因地而清矣，故去莘洗虑，别颠毛而坏其衣。居一都之殷，易与士会，得执外教，尽捐苛礼。自公侯守相，必赐其清问，耳目灌注，习浮于性。而里中儿贤适与浩初比者，婴冠带，挛妻子，吏得以乘陵之，汩没夭慧，不得自奋，莫可望浩初之清光于侯门上坐，第自吟美而已。浩初亦自多其术，尤勇于近达者而归之。往年，之临贺，唁侍郎杨公，留岁余，公遗七言诗，手笔于素。前年，省柳仪曹于龙城，又为赋三篇，皆章书。今复来连山，以前所得双南金出于祴，亟请余赓之。按师为诗颇清，而弈棋至第三品，二道皆足以取幸于士大夫，宜熏余习以深入也。会吾郡以山水冠世，海阳又以奇甲一州，师慕道，于泉石宜笃，故携之以嬉。及言旋，复引与共载于湖上，弈于树石间，以植沃州之因缘，且赋诗，具道其事。

　　　　近郭看殊境，独游常鲜欢。逢君驻缁锡，观貌称林峦。
　　　　湖满景方霁，野香春未阑。爱泉移席近，闻石辍棋看。
　　　　风止松犹韵，花繁露未干。桥形出树曲，岩影落池寒。
　　　　别路千嶂里，诗情暮云端。它年买山处，似此得躋官。

　　浩初与柳宗元也是旧友，柳宗元被贬到柳州做刺史，浩初先到临贺（今广西贺州）探访柳宗元的岳父杨凭，在临贺居住一年后，又从临贺到柳州看望柳宗元，现在又到连州来看刘禹锡。刘禹锡尽地主之谊，热情接待了对方。

　　浩初作诗清雅，又在下棋方面颇有造诣，两人泛舟湖上，树影间下棋消遣，相当惬意。

　　相比刘禹锡，远在柳州的柳宗元则没有"此心安处是吾乡"这样的心境。他和僧人浩初一同看山时，写下《与浩初上人同看山寄京华亲故》，愁绪万分，充满思乡之苦：

> 海畔尖山似剑铓，秋来处处割愁肠。
> 若为化得身千亿，散上峰头望故乡。

而刘禹锡，似乎有一种走到哪儿就在哪儿找到快乐的能力。从这几年与百姓结交，到用心治理当地的祸患，刘禹锡彻底喜欢上了连州这片山水。

为此，他甚至写下组诗《海阳十咏》，对每一景点赋诗一首，切云亭、飞练瀑、棼丝瀑、吏隐亭、蒙池、裴溪、双溪、玄览亭、月窟、云英潭，记录下连州的风物。

后世南宋连州太守陈奕，也是风雅名士，修复了连州燕喜园等古迹后，又增其建制，共计十二亭，并将其中的亭子取名十咏亭，大概是为了纪念刘禹锡的这番功绩。

刘禹锡还在燕喜园里建了座吏隐亭，通过《吏隐亭述》表达自己的政治心声：

> 元和十年，再牧于连州，作吏隐亭海阳湖壖。
> 入自外门，不知藏山。历级东望，怳非人寰。
> 前有四榭，隔水相鲜。凝霭苍苍，淙流布悬。
> 架险通蹊，有梁如蚬。轻泳徐转，有舟如翰。
> 澄霞漾月，若在天汉。视彼广轮，千亩之半。
> 翠丽于是，与世殊贯。澄明峭绝，藿靡葱蒨。
> 炎景有宜，昏旦迭变。疑昔神鳌，负山而拚。
> 摧其别岛，置此高岸。海阳之名，自元先生。
> 先生元结，有铭其碣。元维假符，予维左迁。
> 其间相距，十五馀年。封境怀人，其犹比肩。

> 天下山水，非无美好。地偏人远，空乐鱼鸟。
> 谢公开山，涉月忘还。岂曰无娱，伊险且艰。
> 溪山尤物，城池为伍。却倚佛寺，左联仙府。
> 势拱台殿，光含厢庑。窈如壶中，别见天宇。
> 石坚不老，水流不腐。不知何人，为今为古。
> 坚焉终泐，流焉终竭。不知何时，再融再结。

在连州期间，刘禹锡除了为当地百姓做了不少好事，也通过一些诗歌，反映朝廷的弊政，比如这首《插田歌并引》：

> 连州城下，俯接村墟，偶登郡楼，适有所感，遂书其事为俚歌，以俟采诗者。

> 冈头花草齐，燕子东西飞。田塍望如线，白水光参差。
> 农妇白纻裙，农夫绿蓑衣。齐唱田中歌，嘤咛如竹枝。
> 但闻怨响音，不辨俚语词。时时一大笑，此必相嘲嗤。
> 水平苗漠漠，烟火生墟落。黄犬往复还，赤鸡鸣且啄。
> 路旁谁家郎，乌帽衫袖长。自言上计吏，年初离帝乡。
> 田夫语计吏：君家侬定谙，一来长安罢，眼大不相参。
> 计吏笑致辞：长安真大处，省门高轲峨，侬入无度数；
> 昨来补卫士，唯用筒竹布，君看二三年，我作官人去。

诗歌以俚歌的形式表现，鸢飞草长，鸟语花香，燕子飞来飞去。远远望去，田埂整齐得如同一道道线，田间的水泛着粼粼白光。农妇穿着白麻布裙，农夫披着绿色蓑衣，色彩鲜亮，宛如水彩画，一派色调浓郁的南方田园气息。

驻足聆听，农人们唱着田间劳作的歌曲，声音婉转如竹枝词，然而乡音不通，哀怨的歌声，细听又不懂歌词的意思，只能凭借大家时不时传出的大笑声，推测是在互相嬉戏。

忙完归家，平静广阔的水田上，插满秧苗，袅袅炊烟从村落升起，鸡鸣狗跳，让人恬然忘忧。

戴乌帽着长袖的计吏突然到来，打破了这里原本的和谐，计吏与农夫接下来的对话，可以说把全诗的讽刺意味推到高潮。

小伙说自己是上计吏，年初才刚刚离开京师。没想到农夫倒是对对方熟悉得很，一句话打脸："您家我可相当熟悉，您一从长安回乡里，见人就装作不认识。"

计吏笑着摆谱夸海口："长安真是大得不得了，省禁大门高大又威严，不过我可进去过无数次。近来补卫士的缺额，用一筒竹布就可以。你就看两三年后吧，我一定做个官人去。"

直白的对话，朴实无华，将官场行贿买官的勾当写得清清楚楚，揭露了朝廷的弊政。更值得让人深思的是，仅仅去京城当过一年差，回到家乡就开始装老爷，不认识相熟多年的邻家长辈。这位鼻孔朝天的计吏，倘若之后行贿买官成功，不难想象对于百姓而言，又会是怎样一个祸害。

刘禹锡的这首《插田歌并引》，也是在响应好朋友白居易和元稹发起的新乐府运动。

元和年间，元稹和白居易等人，大力提倡并创作了一系列反映现实，关乎国计民生的新题乐府诗，后世称之为新乐府运动。

这些作品一方面继承汉乐府"感于哀乐，缘事而发"的传统，另一方面又将时事写入诗中，诚如白居易在《与元九书》中提出的"文章合为时而著，歌诗合为事而作"。大家熟知的篇目有白居易的《卖炭翁》、元稹的《织妇词》等。

作为元稹的知心好友，注重文章实用性的刘禹锡，撰写这样的诗文也在情理之中。

当然，刘禹锡在连州最受赞誉的，便是他大兴文教，设坛讲学，在他的带动下，整个连州的文化风气为之一变。随着读书人日益增多，连州科举考试中举的人数也在逐渐增加，后来赢得了"科第甲通省"之称，因此后人盛赞刘禹锡有"开连州千年文脉之功"。

在刘禹锡兴办学校、推广教育的带动下，元和十二年（817 年），京城传来喜报，连州才子刘景进士及第，这也是连州历史上第一个进士。

不只刘禹锡，整个连州都洋溢着喜悦的气氛，刘禹锡在欣慰之余赋诗《赠刘景擢第》表示祝贺：

> 湘中才子是刘郎，望在长沙住桂阳。
> 昨日鸿都新上第，五陵年少让清光。

更让刘禹锡，甚至连州人都没想到的，时隔三十多年后，刘景之子刘瞻又高中进士，并官至宰相，不得不说这是刘禹锡这个栽树的前人留下的阴凉庇佑。

根据记载，在唐代，广东共有四十八名进士，连州就有十二名；至北宋时期，广东共有进士一百二十七名，其中连州就有四十三名。

为此，后世对刘禹锡在连州的功绩大加夸赞，明代连州知州曹镐撰《旧志序》，认为连州风气之变，"乃自韩昌黎、刘梦得两公始"，除了刘禹锡，还算上了之前被贬阳山的韩愈。

到了清代乾隆年间，杨楚枝在《连州志·名宦传》中给予了刘禹锡相当大的肯定："吾连文物媲美中州，禹锡振起之力居多。"

刘禹锡在连州任刺史四年半，创作了二十五篇散文、七十三首诗歌，除了记载连州的风土人情，更留下了他对连州的喜爱之情。

这一时期，大抵是刘禹锡的鼓励，远在柳州的好友柳宗元也打起精神，同样在柳州做出了一系列显著的政绩。

柳州柳刺史，种柳柳江边。

柳州素来有人口买卖的习俗，习惯将子女作为抵押向人借钱，还钱的时候来赎回。如果在约定的期限内不能赎回，等到利息与本金对等时，债主就会没收这些人的子女，把他们当作奴婢。这和卖儿鬻女有什么区别？

因此，柳宗元管理柳州时，他会跟借债人一起想办法，帮他们把子女都赎回来，如果是家里太穷付不起钱，没能力赎回孩子的，柳宗元就会让债主记下欠债人子女当佣工的工钱，等到所得工钱足够抵销债务时，就让债主归还被抵押的人质。

这样无疑给了更多人自由身，所以后来这个办法被推广到别的州县，仅仅一年的时间，就有近一千人被免除了成为奴婢的命运，以自由人的身份回家，不得不说大大增加了当地百姓的幸福感。

此外，与刘禹锡在连州大兴教育一样，柳宗元也通过他的才华，引领了更多人。那些在衡山以及湘水以南准备参加科举考试的人，都把柳宗元当作老师，经过柳宗元亲自指点的人所写的文章，都非常合乎规范。

这近五年的时光，对于刘禹锡来说，以平静居多，仿佛将自己磨砺成一块有用的石头，无论朝廷将自己扔弃在哪里，自己依然会尽自己所能，发挥最大的作用。

连州之于刘禹锡，大概以这首《送曹璩归越中旧隐》最能代表他的心声：

> 行尽潇湘万里余，少逢知己忆吾庐。
> 数间茅屋闲临水，一盏秋灯夜读书。
> 地远何当随计吏，策成终自诣公车。
> 剡中若问连州事，唯有千山画不如。

诗题中的曹璩是越中人，与同在嘉兴出生的刘禹锡是同乡，两人早年就已相识，在连州遇见，他乡遇故知，对于喜欢同人交往的刘禹锡来说，自然是难得的快乐。

对于阔别已久的朋友，刘禹锡感叹自己被贬谪这么多年，走过这么多路，很少能碰到知己与自己一起怀念故乡的风光。在水边搭建了几间简陋的茅屋，夜里点着一盏灯读书，思念家乡，又有些孤独。生活艰难，但刘禹锡却没放弃过对学问的追求，因此他祝愿朋友继续苦读，有所成就。

最重要的是，刘禹锡还嘱咐道，如果有人问起他的近况，就告诉大家连州的山水风景优美，纵然是画卷也描摹不出这份美。

这两句很容易让人想到前辈王昌龄相似意境的"洛阳亲友如相问，一片冰心在玉壶"，一方面是连州给刘禹锡留下了不少美好印象，另一方面也是希望曹璩回去后向自己的亲友报个平安。

山水虽美，独自一人挑灯夜读，也有些孤独，偏偏刘禹锡能坦然面对这些人生低谷，更让旁人不要为他担忧。

如今的连州燕喜园里，还有宋代哲学家周敦颐，以及南宋宰相张浚到此游历时吟咏的石刻。那些刘禹锡留下的古迹，还留有几座充满历史气息的亭子。通过幽深的小路，拨开翠竹，便会有意外发现。至于刘禹锡特别喜欢的吏隐亭，则立于假山之上，旁边种有梧桐树，双重檐角飞起，跃然如飞燕一般。

周围还有坐落在连州中学燕喜山的刘禹锡纪念馆，古色古香的建筑风格，记载了刘禹锡同连州的故事。

时间如东流水，一去不返，但诗人留下的功绩，会被后人久久铭记。

元和十四年（819年），刘禹锡因母丧离开连州，却收到另一个噩耗：挚友柳宗元去世。

第四章　黄发相看万事休

以柳易播

刘禹锡因桃花诗遭贬时，最为着急的人，反而不是他自己。

除了一如既往为他兜底，去唐宪宗面前求情的裴度，还有与他情同手足的柳宗元。

得知刘禹锡被贬播州的消息，柳宗元哭着说播州根本不适合居住，更何况刘禹锡家中还有一位老母亲，他不忍心刘禹锡身陷困境，于是，他马上奏书给唐宪宗，愿意用自己所任的自然条件相对没那么恶劣的柳州与刘禹锡对换，哪怕是再加一重罪，也毫无怨言。

失意者之间所感受到的相同的痛苦，使彼此之间的距离拉近了。柳宗元遭贬后，和连州司马凌准联络比较频繁。

凌准被贬逐后，亲眷备受欺凌，母亲和两个弟弟相继在家乡去世，但自己却不能奔丧，只能望乡关痛哭，终日以泪洗面，不到半年，这位史学家便双目失明，更在元和三年（808 年）冬含恨而终。

柳宗元在《哭连州凌员外司马》最后疾呼："我歌诚自恸，非独为君悲！"一方面哭的是交情匪浅的凌准，一方面也是哀叹自己未知的命运。

同郁郁而终的凌准一样，永州十年间，柳宗元也失去了与之相依为命多年的母亲和女儿，他甚至在《囚山赋》里说"匪兕吾为柙兮，匪豕吾为牢"。这样的切肤之痛，对于柳宗元来说，太过惨烈。

作为挚友，这种亲人客死异乡的痛苦，柳宗元自然不愿意让刘禹锡也经历一遍。

历经十年的放逐，终于踏上回京路的柳宗元一片欣喜，经过汨罗江时写下《汨罗遇风》，是抑制不住的欣喜：

南来不作楚臣悲，重入修门自有期。

为报春风汨罗道，莫将波浪枉明时。

然而回京后因为刘禹锡的一首诗，被窝还没焐暖和，又得卷起铺盖走人。对此，柳宗元没有半分怨言，或许已经看透本质，革新派就是不受待见，哪里是刘禹锡一两句诗招来的祸端呢？

有人评论刘禹锡是管不住嘴的惹祸精，连累柳宗元和元稹这帮难兄难弟继续天涯海角地流浪。

可实际上，天威难测，只要刘禹锡压抑自己的心性，战战兢兢低调做人，就一定能在唐宪宗手上落个什么好吗？指不定官还没升，心肝还郁结上了。

好在有裴度的说情，以及柳宗元肝胆相照的友谊，各方求情之下，最后刘禹锡改去连州，柳宗元则前往柳州。

同结伴回京一样，刘禹锡和柳宗元两人非常珍惜这些难能可贵的共处时光，于是结伴而行，一路南下，吟诗作赋，在悲伤的前路上，寻找到一丝光亮。

欢聚纵然美好，离别总会到来，船行至衡阳，两人不得不再次分别，一个前往广西，一个继续南下去广东。

两人依依惜别，写下三首互相唱和的诗，可谓句句深情。

此次南下，素来感伤的柳宗元对未知的命运充满了悲观，诗句中充满了生离死别之意。

历经十年磨难，终于回到京城，谁知道又要奔波去秦岭以南。遥想当年，伏波将军颇有盛名，威风凛凛，百姓为其铸造石像，立在将军庙前，供人瞻仰。然而赫赫战功如马援，依然逃不过死后蒙冤，与你我二人并无差别。

如今走在当年伏波将军马援南征的路上，风云雾霭尚在，却是荒草遍地，何等凄凉悲伤。

由马援的经历再想到自己，更多了一层悲愤和委屈之情，但柳宗元没有将这份怨气施加在刘禹锡身上，而是劝诫刘禹锡不要再因诗文招致祸端，藏其锋芒保存性命。

西汉时李陵赠别苏武，赋诗有"临河濯长缨，念子怅悠悠"之句，柳宗元感叹这份离别的愁苦，夸张说"垂泪千行"就可以"濯缨"，眼泪就可以洗帽带，足见两人之间的真情。

"濯缨"出自《沧浪歌》："沧浪之水清兮，可以濯吾缨；沧浪之水浊兮，可以濯吾足。"柳宗元将两人的眼泪类比河边清水，突出这次遭贬的无妄之灾，辩解自己和刘禹锡的品行。

今后两人相隔两地，无法守望相助，《衡阳与梦得分路赠别》写道：

> 十年憔悴到秦京，谁料翻为岭外行。
> 伏波故道风烟在，翁仲遗墟草树平。
> 直以慵疏招物议，休将文字占时名。
> 今朝不用临河别，垂泪千行便濯缨。

一反常态，这次乐观的刘禹锡没有在诗句中安慰柳宗元，反而同他一样悲观愁苦。被贬出京十年后，二人一同接到诏令赴京，却又一起再次被贬到边远之地，山一程水一程，相伴千里渡过湘水，不得不又一次分别。

刘禹锡虽然再次被任命为连州刺史，却又与西汉黄霸截然不同，比起三次被贬黜的柳下惠更是自愧不如。

　　翘首以盼，北归的大雁，寄托着迁客的望乡之情，目光随着大雁消失在天尽头，心中正愁肠百结，却听见凄厉的猿啼声，更添郁结之情。这些情绪在刘禹锡的诗作中是不太容易见到的。

　　除了分别之情，这次遭贬，对于刘禹锡来说，最大的打击是背负了不孝的心理压力。西汉黄霸因汉宣帝的重用，官至丞相，连仕三朝，两次担任颍川（今河南禹州）太守，结果清名满天下，而自己呢，被皇帝各种刁难，两次都被贬到荒远之地，四十多岁仕途没有起色，还得让老母亲冒着客死异乡的风险，和自己一起南下荒地，实属不孝。

　　自己受苦就算了，还令好友柳宗元无辜受到牵连，则是不义，又想到柳宗元对自己的照顾，心里不免更加愧疚。

　　自己虽然心中压着这样一块巨石，但见挚友一脸愁苦，刘禹锡还是打起精神，宽慰对方，柳州和连州之间有桂江相连，桂江向东流经连山下时，相隔两地的你我可以遥遥相对，互诉衷肠。

　　其实，桂江并不流经连州境内，只是两个同样失意孤独的灵魂，不会因山水而阻隔思念罢了。

　　世界再苦，依然有我这个朋友在这里，充当你的精神支柱，让你不会觉得只剩下自己一个人，为此他写下了《再授连州至衡阳酬柳柳州赠别》：

> 去国十年同赴召，渡湘千里又分岐。
> 重临事异黄丞相，三黜名惭柳士师。
> 归目并随回雁尽，愁肠正遇断猿时。
> 桂江东过连山下，相望长吟有所思。

　　看到刘禹锡的诗，柳宗元心情稍稍平复了些，人生就像一个怪圈，二十年来又回到原点，今朝又要分别。但不要太过担忧，只希望皇恩浩荡，有朝一日我们告老还乡，回家种地，两人还能相伴做邻居，《重别梦得》写道：

> 二十年来万事同，今朝岐路忽西东。
> 皇恩若许归田去，晚岁当为邻舍翁。

与汲汲于投身仕途的刘禹锡不同，此时的柳宗元已经对官场有了倦意，只盼着归隐田园，了此余生。

对于携手相归的愿望，刘禹锡表示赞同，等到告老还乡的时候，就让我们一起做两个不问世事的老头吧，《重答柳柳州》写道：

> 弱冠同怀长者忧，临岐回想尽悠悠。
> 耦耕若便遗身世，黄发相看万事休。

得到刘禹锡的回应，柳宗元的惜别之情更胜之前，记挂着什么时候才能携手同归。

许下了携手归老的诺言后，柳宗元的心情不免更为低落，自嘲年轻时满怀热忱，凭借书本上的道理来作为为人处世的标准，如今蹉跎一生，才知道是非曲直，并没有那么多道理可讲。

想到自己的身体，柳宗元更加不乐观，怕两人可能没有相聚的那一日，今日一别，什么时候才能再次相聚呢？

《三赠刘员外》写道：

> 信书诚自误，经事渐知非。
> 今日临岐别，何年待汝归？

眼看老友情绪低落，刘禹锡赶紧以蘧瑗做例子安慰他，说我们的年纪比蘧瑗还年轻得多，今后团聚的日子还长着呢，等我们告老还乡，脱离了功名纷扰，归隐山林，自由自在。

《答柳子厚》写道：

> 年方伯玉早，恨比《四愁》多。
>
> 会待休车骑，相随出蔚罗。

蘧瑗，字伯玉，春秋时期卫国大臣，历任三代君主，品行端庄，素有贤明，更是位年逾百岁的寿星，刘禹锡在这里以蘧伯玉相比，为的是让柳宗元放宽心，畅想今后归隐的美好生活。

除了这一路相伴的唱和以及白首邻舍翁的约定，这年两人还有一段有趣的缘分：

刘禹锡写下《大唐曹溪第六祖大鉴禅师第二碑》。第一块呢，是早在三年前，由柳宗元写下的《曹溪第六祖赐谥大鉴禅师碑》。

别怕天高路远，山水相隔，等我们告老还乡，子女都长大了，就可以安心谈论文学，这些年纸上还没说完的话，到做邻居的时候慢慢说吧，短暂的离别，是为了以后可以精神抖擞地相聚。

衡阳一别，刘禹锡越过五岭，感叹荒郊野岭，最终抵达连州；而柳宗元则沿着湘江一路驶入漓水，最后进入柳州。

大抵经过十年的磨砺，刘禹锡和柳宗元的心境都同上次被贬不一样，之前从云端坠落尘埃，愤懑不已占据上风，四十岁之后遭贬，起复无望，那就在辖区庇护一方百姓好了。

等刘禹锡到了连州，柳宗元到了柳州，两人之间的往来更加密切，相比文章的切磋，彼此之间更多了些带有玩笑意味的唱和之作，语调轻松了许多。

刘禹锡的两个孩子孟郎和仑郎二童向柳宗元求教书法，柳宗元便写下一首《殷贤戏批书后寄刘连州并示孟仑二童》：

> 书成欲寄庾安西，纸背应劳手自题。
>
> 闻道近来诸子弟，临池寻已厌家鸡。

殷贤，是柳宗元的第二个女儿。庾安西，指东晋著名书法家庾翼，年少时与王羲之齐名。后来王羲之迎头赶上，庾翼非常不服气。偏偏自家子侄还不喜欢自己的书风，偏要学习王羲之的书法，庾翼有些郁闷地给友人写信提到此事，以家鸡比喻自家的书法，以野鸡来比喻王羲之的书法。

柳宗元在这里用庾翼的典故来调侃刘禹锡，说其孩子来向自己学书法，有些戏谑看好戏的心思。

刘禹锡收到诗后，不以为意，写《酬柳柳州家鸡之赠》一诗来作答：

> 日日临池弄小雏，还思写论付官奴。
>
> 柳家新样元和脚，且尽姜芽敛手徒。

诗中的"官奴"，指王羲之的孙女玉润。柳宗元的诗以庾翼喻指刘禹锡，刘禹锡也以王羲之来喻指柳宗元，以玉润来喻指柳宗元的女儿。

刘禹锡的诗作盛赞柳宗元的书法，还夸他天天教授刘家孩子，同女儿探讨书法文章，享受天伦之乐。

刘禹锡的豁达，自然感染了柳宗元，因此收到赠诗后，柳宗元又写了《重赠二首》：

其一

> 闻道将雏向墨池，刘家还有异同词。
>
> 如今试遣隈墙问，已道世人那得知。

其二

世上悠悠不识真，姜芽尽是捧心人。

若道柳家无子弟，往年何事乞西宾？

柳宗元认为对书法的认知和喜好不同很正常，自己的书法造诣全靠刻苦练习才达到。

收到柳宗元《重赠二首》诗后，刘禹锡写了《答前篇》诗：

小儿弄笔不能嗔，浣壁书窗且当勤。

闻彼梦熊犹未兆，女中谁是卫夫人？

刘禹锡这首是回复柳宗元两首诗的前一首，说孩子舞文弄墨时不能生气，调皮淘气地在墙上、门窗上涂鸦，就当作是勤快练习。尽管你现在还没有儿子，但女儿将来一定会成为卫夫人那样的著名书法家。

古人以梦中见熊罴为生男的征兆，刘禹锡这首诗半是调侃，半是安慰柳宗元，女儿聪明伶俐又好学，肯定也会有一番成就。

居于柳州的柳宗元，最忧心的便是没有子嗣可以传承，他曾拉下自尊向昔日的友人们写信，只为求结一门亲事，可以生儿育女，延续自己的家族。

知道朋友心中的愁苦，刘禹锡只能尽自己的能力，劝对方放宽心。

而刘禹锡的另一首《答后篇》，则是同柳宗元探讨书法上的追求：

昔日慵工记姓名，远劳辛苦写西京。

近来渐有临池兴，为报元常欲抗行。

元常，指三国书法名家钟繇，这里喻指同样书法造诣颇高的柳宗元。

过去柳宗元曾书赠刘禹锡《西京赋》，刘禹锡说以前自己学习书法只是为了实用，而近日渐渐有了钻研书法的兴致，希望自己也能早日有所突破。

当然，刘禹锡称自己过往的书法为"慵工"是自谦，但可以看出，他实实在在地记着与柳宗元的邻舍翁之约，谈论子女教育，讨论老年精神生活。

从刘禹锡与柳宗元的书信往来来看，在连州和柳州刚开始几年，两人的状态都还算不错。

当年被贬为司马，初到永州，柳宗元如履薄冰，都不敢与过去的亲友联系，哪怕是同李建写信，在《与李翰林建书》中他也只敢小心翼翼地提一句，说昔日好友崔群在附近，却不敢联系，之前在刘禹锡那边得到李建的书信，如同灵药一般，让自己立马病愈。

书信往来，互相唱和，政治上将彼此最开始的初心投身实践，共同造福岭南百姓。两人忙于政务，等着美好的邻舍翁约定兑现的那一日。

可惜天不遂人愿，两人都没想到，当时衡阳一别，竟是此生最后一面。

挚友托孤

元和十四年（819年）秋，刘禹锡的母亲去世，他带着母亲的灵柩返乡，路过衡阳时，碰到柳宗元家的仆人，原本还有些欣喜，想着是否挚友来赴约相聚，没想到对方带来的却是柳宗元病逝的噩耗，这完全是对刘禹锡心灵上的一次毁灭性打击。

恸哭之下，刘禹锡写下《祭柳员外文》悼念好友：

呜呼子厚！我有一言，君其闻否？惟君平昔，聪明绝人。今虽化去，夫岂无物？意君所死，乃形质耳，魂气何托，听余哀词。呜呼痛哉！

嗟余不天，甫遭闵凶，未离所部，三使来吊。忧我衰病，谕以苦言，情深礼至，款密重复，期以中路，更申愿言。途次衡阳，云有柳使，谓复前约，忽承讣书，惊号大叫，如得狂病。良久问故，百哀攻中，涕洟迸落，魂魄震越。伸纸穷竟，得君遗书，绝弦之音，凄怆彻骨。初托遗嗣，知其不孤，末言归輤，从祔先域。凡此数事，职在吾徒。永言素交，索居多远。鄂渚差近，表臣分深，想其闻讣，必勇于义。已命所使，持书径行。友道尚终，当必加厚。退之承命，改牧宜阳，亦驰一函，候于便道。勒石垂后，属于伊人。安平、宣英，会有还使，悉已如礼，形于其书。

呜呼子厚！此是何事？朋友凋落，从古所悲。不图此言，乃为君发。自君失意，沉伏远郡？近遇国士，方伸眉头。亦见遗草，恭辞旧府，志气相感，必逾常伦。顾余负衅，营奉万里。犹冀前路，望君铭旌。古之达人，朋友则服，今有所厌，其礼莫申。朝晡临后，出就别次，南望桂水，哭我故人。孰云宿草，此恸何极！呜呼子厚，卿真死矣！

终我此生，无相见矣！何人不达，使君终否！何人不老，使君夭死！皇天后土，胡宁忍此！知悲无益，奈恨无已。子之不闻，余心不理。含酸执笔，辄复中止，誓使周六，同于己子。魂兮来思，知我深旨。呜呼哀哉！尚飨。

柳宗元临终前，让仆人带着孩子和自己的文稿，去找刘禹锡，准备将自己的身后事托付给他。

看到柳宗元的遗书，刘禹锡惊愕大哭，如同得了大病。过了许久，依然是痛苦万分，涕泪交下，失魂落魄。他拿着纸稿，反反复复地看，也只是柳宗元的绝笔。

"绝弦之音，凄怆彻骨"，何曾在刘禹锡的文字中见过他这样悲恸失态的样子。他的高傲、他的达观，在得知挚友离世的消息后，都消失殆尽，只剩下无尽的眼泪。

刘禹锡在文章里诘问，你怎么就走在我前面了呢？原本还想着我这从小就疾病不断的身体，长期服药已是重病缠身，如果将来我走在前面，请你给我写铭文旌表，为什么你却空留下相约到老的誓约，先行离我而去？

早晚凭吊后走在路上，南望桂水，为知己痛哭。都说朋友的墓上长满宿草就不哭，可这种悲恸之情哪里能穷尽？

晚岁邻舍翁的约定，柳宗元终究是失约了。

在末尾，刘禹锡的哀号也没有停止，痛苦到无法相信好友的死亡，悲痛自己终其一生也无法同对方相见。甚至愤怒到怼天问地，谁不会变老？为什么要让好朋友这么早早离世，"皇天后土，胡宁忍此"，字字句句，全是泣血之语，令人不忍卒读。

面对柳宗元的突然离世，刘禹锡一万个不愿意接受，他甚至拿出唯心主义的一套，认为亡友还有机会聆听自己的召唤："惟君平昔，聪明绝人。今虽化去，夫岂无物？"

为了不辜负故友的托付，后来几十年，刘禹锡着手整理柳宗元留给自己的遗稿，编纂成集，总结了柳宗元的生平和成就，并在好友墓前发誓，会将他的长子周六抚养长大。

柳宗元留下两儿两女，分别托付给包括刘禹锡和韩愈在内的四位亲友，后来刘禹锡收养的柳周六，在咸通四年（863年）考中了进士，刘禹锡编纂好柳宗元的文集并撰写了《唐故尚书礼部员外郎柳君集纪》前序，对于亡友的托付，刘禹锡说得上尽心尽力。

柳宗元的早逝，给刘禹锡留下了不可磨灭的悲伤记忆。

同一时期，刘禹锡还写下一首《重至衡阳伤柳仪曹并引》悼念亡友：

元和乙未岁，与故人柳子厚临湘水为别，柳浮舟适柳州，余登陆赴连州。后五年，余从故道出桂岭，至前别处，而君没于南中，因赋诗以投吊。

忆昨与故人，湘江岸头别。

我马映林嘶，君帆转山灭。

马嘶循故道，帆灭如流电。

千里江蓠春，故人今不见。

还记得五年前衡阳一别，柳宗元上了船，岸边的刘禹锡没有带着行囊翻山，在岸边默默看着柳宗元的船只渐行渐远。当时山林映衬着马鸣，刘禹锡目送着好友的帆船渐渐远去。马鸣声沿着古道传开，船消失得如同闪电那么快。然而今日重新路过衡阳，没有好友的船只，没有好友的身影，只看到江边蔓延千里的蓠草，芳草萋萋，内心更加孤单寂寞。

依依不舍的江边分别场景仿佛还在昨天，如今却已是生死相隔，读来如何不令人叹惋？

八个月后，刘禹锡又作了一篇《重祭柳员外文》，相比刚得知好友死讯时，心境已经平复了很多，但依然充满了难以言说的痛苦：

呜呼！自君之没，行已八月。每一念至，忽忽犹疑。今以丧来，使我临哭，安知世上，真有此事！既不可赎，翻哀独生。呜呼！出人之才，竟无施为，炯炯之气，戢于一木。形与人等，今既如斯；识与人殊，今复何托？生有高名，没为众悲，异服同志，异音同叹。唯我之哭，非吊非伤。来与君言，不言成哭。千哀万恨，寄以一声。唯识真者，乃相知耳。庶几傥闻，君傥闻乎？呜呼痛哉！

君有遗美，其事多梗。桂林旧府，感激主持，俾君内弟，得以义胜。平昔所念，今则无违。旅魂克归，崔生实主。幼稚甫上，故人抚之。敦诗、退之，各展其分。安平来赗，礼成而归。其他赴告，咸复于素。一以诚告，君傥闻乎？呜呼痛哉！

君为已矣，余为苟生。何以言别？长号数声。冀乎异日，展我哀诚。呜呼痛哉！尚飨。

子厚啊，自从你去世起，已经过去了八个月，每次想起，还怀疑只是一个噩梦。你已经离开了这个世界，只留下我偷生。该如何告别呢？只能长号数声。

反复出现的"呜呼痛哉"，仿佛一道道利刃，让更多人从文字中感受到这种失去知己的痛苦。

柳宗元的离世，带给刘禹锡无限的伤感，后来他们共同的朋友李程，请刘禹锡撰写了一篇悼念文。

刘禹锡这篇《为鄂州李大夫祭柳员外文》，用语相对克制，站在另一个人的角度看柳宗元，更多是对他才华的惋惜："孔氏四科，罕能相备。惟公特立秀出，几于全器。才之何丰，运之何否。大川未济，乃失巨舰。长途始半，而丧良骥。缙绅之伦，孰不堕泪！"

他遗憾好友的离开："令妻蚕谢，稚子四岁。天丧斯文，而君永逝。"

作为至交好友，刘禹锡没有撰写柳宗元的墓志铭，而是将这一重任交给了他们共同的好友韩愈。

相比至情至性的《祭柳员外文》，韩愈的《柳子厚墓志铭》显得要更加冷静客观。

韩愈在文章里介绍了柳宗元的家族背景、成长经历和仕途生涯，提及他在永州的文学成就，在柳州的政绩，尤其提到了柳宗元"以柳易播"的侠义之举。韩愈还在文章最后说到柳宗元的四个年幼的孩子，说到是裴行立为其负担归乡的安葬费用，是舅弟卢遵送他归葬，安排料理他的家属。

同是好友，但韩愈对柳宗元和刘禹锡对柳宗元又是不一样的，刘禹锡面对柳宗元的离世，伤心痛苦不能自已，韩愈却不忘在文章里对柳宗元怒其不争。

韩愈说柳宗元年轻时，勇于帮助别人，却不看重和爱惜自己，认为功名事业可以一蹴而就，结果受到牵连被贬斥。贬谪后，又没有相熟而有力量有地位的人可以推荐他，以致最后死在偏远之地，才干不能为世间所用，抱负也得不到施展，叹息柳宗元因为功利之心导致仕途不顺。

时至今日，韩愈还在为柳宗元当年参与永贞革新感到不忿，认为他没有谨言慎行约束自己，结果落得被贬官的下场，在荒远之地，穷困潦倒郁郁而终。

然而韩愈笔锋一转，说如果柳宗元被贬谪的时间不够久，困窘的处境没有到达极点，虽然能在官场中出人头地，但文章学问肯定不能达到现在这样可以流传后世的成就。

韩愈还自我假设了一番，假如真如柳宗元所愿，出将入相，以位高权重的身份来换文章传世，何得何失？一定有能分辨出的人。

相比刘禹锡情真意切的悼念文，韩愈的墓志铭很客观，当然也很不中听。诚然，柳宗元在永州十年，写出了他人生中最重要也最好的一系列文学作品，只是这样的人生，真的是他想要的人生吗？

文章憎命达，作为天才身边的亲友，到底是希望他平安顺遂一生，还是希望他文达后世却困顿半生？

长庆二年（822年），柳州百姓在罗池建庙（又称柳侯祠），纪念柳宗元，托付韩愈撰写文章，不信鬼神佛祖的韩愈提笔写下一篇柳宗元死后成神的《柳州罗池庙碑》，在文章中写柳宗元死后成神，百姓们迎神送神的传奇故事，只可惜碑刻后来丢失。

直到两百多年后，苏轼被贬广东，途经湖南，受邀写下了碑文之后的《迎享送神诗》，这便是现藏于柳州柳侯祠中的"荔子碑"。

刘禹锡和柳宗元的神仙友谊，后世不断被提起，感叹两人同样命途多舛，却又始终羡慕双方的肝胆相照。

提到刘禹锡必然会说到柳宗元，说起柳宗元，肯定避不开刘禹锡。同年中举，同一阵营为官，又一同遭贬十年，最后生离死别，生者抚养对方遗孤，编纂其文集，这样的感情和经历，放眼整个唐朝文化圈，或许只有白居易和元稹的友谊可以相比一下。

　　当然，也有一些不同的声音，比如提到柳宗元，会拿刘禹锡的乐观做鲜明对比，说柳宗元如果心态像刘禹锡一样豁达，或许不会四十七岁早逝。

　　也有人说，如果不是刘禹锡这个嘴臭的惹祸精，柳宗元也不会这么倒霉，好不容易回趟京城，又落得个扫地出门、客死异乡的结局。

　　可事实上呢，柳宗元被贬永州后，就仿佛随身携带了死亡笔记，几乎一年失去一个至亲。年近七旬的老母亲，才十岁就夭折的女儿，好友兼表亲的吕温，如同师友一样的大姐夫跟两个外甥，甚至追随他的从弟宗直，有着收养之情却因产后抑郁去世的外甥女……

　　亲人亡故、朋友远离、仕途不顺、语言交流不畅，种种痛苦积压在一个人身上，你很难想象这样苦难的绝境之下会有乐观心态。

　　所幸，柳宗元还有刘禹锡这个天生豁达的好朋友，在同样人生惨淡时，能书信往来，诗歌唱和，开开玩笑，尤其是相比在永州"千万孤独"的柳宗元，同刘禹锡一路南下几个月的柳宗元，在柳州却同过往不一样，他开始殚精竭虑，为当地百姓的安危幸福着想，施行了一系列有益的措施，还不足以说明这段友谊的可贵吗？

　　就连弥留之际，柳宗元都不忘在遗书中嘱托刘禹锡，说自己不幸死在贬谪途中，只能以这些遗稿来麻烦老朋友了。

　　在趋炎附势、攀附权贵的政客中，柳宗元太干净，太纯粹，太知情识趣，他生怕日被贬谪的自己有一点差错，给朋友们带去莫大的灾祸。

　　昔日意气风发的天才少年，最终成了一个骄傲又敏感的人，大概他紧绷的神经，只有在刘禹锡这样倔强又快乐的人面前，才能松懈一时半刻吧。

　　因此，柳宗元在文人们最爱的宋朝，先被封文惠，又追加昭灵，从一介贬官，一跃成为文惠昭灵侯。

　　另一方面，永贞革新派因刘禹锡的桃花诗遭贬的话题我们前面已经提过，只是一个导火索而已，那么又为什么要认为刘禹锡是拖累柳宗元的闯祸者呢？

更何况，面对被贬谪的命运，柳宗元非但没有对刘禹锡有半分怨怼，反而是主动上奏，提出"以柳易播"这样的建议，这样的胸怀，又有多少人能做到？

弥留之际，柳宗元除了想到孩子们的去处，更不忘自己的文章，他安排仆人将文稿给了刘禹锡，拜托他帮自己编辑整理，如果不是生死之交，不能有这样的信任。

其实满打满算，刘禹锡和柳宗元两人实际上相聚相见的日子，就那么几年，中举时，御史台共事时，永贞革新时，被贬回京时，相伴南下时，加起来，或许还没有现在大学生的四年同窗生涯长久。

但这对他们深厚的友谊却没有半点减损。

柳宗元去世三年后，有僧人去永州零陵游历，告诉刘禹锡，柳宗元过去开辟的愚溪不再像过去那样了。刘禹锡听说后，悲不自胜，写下《伤愚溪三首》缅怀亡友。

当初柳宗元被贬到永州，他曾在溪水边买了块地方，搭建茅屋，种植蔬菜等，后称此溪为愚溪，自嘲痴愚半生，现在居住在荒野之地，为此写下一系列传颂千古的诗句。

柳宗元去世三年后，愚溪边水丰草茂，草堂无主，燕子飞回，一树花开，早已不是过去的模样。柳宗元当初亲手所种的山榴花还粲然绽放，种花的人却早已不在。

物是人非的风景里，旧友留在人间的又一丝痕迹也没有了，如何不叫人难过？

其一

溪水悠悠春自来，草堂无主燕飞回。

隔帘唯见中庭草，一树山榴依旧开。

其二

草圣数行留坏壁，木奴千树属邻家。

唯见里门通德榜，残阳寂寞出樵车。

其三

柳门竹巷依依在，野草青苔日日多。

纵有邻人解吹笛，山阳旧侣更谁过？

　　为柳宗元编文集，刘禹锡在前序中盛赞柳宗元，星光清冷色调纯正，诚如对方高洁的品行，"粲焉如繁星丽天，而芒寒色正"。

　　繁华绮梦一般的大唐，最不缺才华横溢、真情实感的诗人，而这对双子星，留在更多人心中，靠的不仅仅是他们的文采，更是他们对命运的倔强不屈，彼此守望相助的深厚友情。

第五章　斯是陋室，惟吾德馨

新唱竹枝

因居母丧，刘禹锡再度回到洛阳，开始三年丁忧宅居生活。这三年时光对他来说，大概是人生众多低谷期的又一个而已。

失去母亲，失去挚友，孤独惆怅中，新年也过得不太痛快。团聚欢乐的日子，孤身一人的刘禹锡有些郁闷，他自嘲写下这首《岁夜咏怀》：

> 弥年不得意，新岁又如何？
> 念昔同游者，而今有几多？
> 以闲为自在，将寿补蹉跎。
> 春色无情故，幽居亦见过。

这些年都过得不如意，磕磕绊绊又一年，新的一年又会怎样呢？大概是不会从失落的人生中有所改变。

回想过去交往，一同参与改革的朋友们，王叔文、王伾、吕温、柳宗元……有的被杀，有的病死，"访旧半为鬼"，活着的还有多少？

刘禹锡说徒留自己在世，只能把这份清闲当成自由自在，用多活出来的寿命填补以往荒废的时光。

反正像我这样政治上无人问津的闲人，只有不问人情世故的春色，才会来探望幽居时的我。

这话听起来有些老气横秋，甚至是颓废自伤，但仔细一想，这时候的刘禹锡快五十岁了，仕途看不到起色，偏偏他又不是寄情山水、忘却政治的人，求而不得，自然有些烦闷。

有时候太有上进心，反而是烦恼的最大来源。

如果刘禹锡安心做一名文士，追求文学上的造诣，或许不会这般愁苦，但他始终燃烧着一颗旺盛的战斗之心，渴望在政坛上施展抱负。

而当时国内的局势，沂州军乱，盐州被围，唐宪宗却忙着派宦官去法门寺迎佛骨至长安。

朝中政局，好友裴度被外放，诤友韩愈被贬去潮州，旧识崔群被罢相，白居易还在江州独善其身看枫叶荻花秋瑟瑟，没一件让人顺心的事。

哦，倒是好朋友元稹眼看着要熬出头，仕途走起上坡路。

刘禹锡丁忧快结束时，迎来了一件不好不坏的事件，始终看他不顺眼的唐宪宗，迷信修仙长生，服食丹药，性情大变，于元和十五年（820年）在宫中驾崩。

在关于刘禹锡等人的文章中，唐宪宗一般会以反面形象出现。但平心而论，唐宪宗继位后，任用贤臣，实施了一系列改革的举措；制裁藩镇，平定淮西等地，收复淄青等十二州，算是中晚唐难得的明主。只可惜晚年信仙好佛，最后暴卒。

唐宪宗之后，二十六岁的唐穆宗走马上任，大唐的运势在下坡路中继续下滑。

唐宪宗在弑父疑云中继位，儿子唐穆宗同样也留下相同的弑君传闻。传闻穆宗借由官宦王守澄和内常侍陈弘志之手，杀了唐宪宗，谎称先帝误食丹药，毒发而亡。

冥冥之中，不失为一种讽刺的轮回。身着华服的天子，手刃至亲来得如此简单直接，血腥残暴。

帝王之家的刀光剑影，连带着朝堂下的臣子，也不得全身而退。唐宪宗时期深受重视的权臣，在唐穆宗时期都不太好过，备受打压的贬官，倒是有了新出路，比如因才华被唐穆宗看重的元稹，之后官运陡升。

然而刘禹锡这个运气大概都在文采上花光的人，依然没得到唐穆宗的看重，下达给他的任职诏令，依然是不痛不痒的边远官吏。

长庆元年（821年）冬，在家中待了三年的刘禹锡，被派到夔州（今重庆奉节）做刺史。

相比之前的连州刺史，虽然到夔州依然也是担任刺史一职，但按照土地面积和所缴纳的赋税来说，行政级别和俸禄可以与上等州郡并列，换言之，刘禹锡的境遇比唐宪宗朝时稍微好了一些。

尽管官职和待遇上有了细微变化，可是想要回京的愿望实现起来依旧遥遥无期，因此，在领旨后的《夔州刺史谢上表》里，刘禹锡不免吐槽一句"空怀向日之心，未有朝天之路"。

刘禹锡出发前往夔州，中途经过武昌，见到了老同事，时任鄂州刺史、鄂岳观察使的李程，久别重逢，过往纠葛，仿佛一笔勾销。

永贞革新时，李程选择站在宦官阵营，附和郑纲，抵制王叔文，因此王叔文权势炙手可热时，李程被免去其翰林学士之职，屡次调迁，任员外郎。后来改革失败，王叔文被赐死，刘禹锡等人相继被贬，李程反而官运直升。

看到刘禹锡这些年的辗转流离，李程心里多少有些同情和愧疚，所以柳宗元去世后，李程花钱请刘禹锡写文悼念，或许在某种程度上为柳宗元、刘禹锡的命运和这段友情惋惜。

这次武昌相会，刘禹锡仿佛打开了情绪的闸口，一口气作了不少诗，《鄂渚留别李二十一表臣大夫》《答表臣赠别二首》《始发鄂渚寄表臣二首》《出鄂州界怀表臣二首》《重寄表臣二首》，向李程倾吐自己的心事。

一首又一首，江边送别时写"欲问江深浅，应如远别情"；船只快出发时写"忆与故人眠，此时犹晤语"；出了鄂州地界时还要写"迟迟有情处，却恨江帆驶"，道不尽的离别思念。

唐顺宗在朝时的知交，如今朝中也没多少，在这里看到相识多年的李程，说不厌倦官场奔波是假的，友人四散，自己也不再年少，刘禹锡甚至有了一丝归家之意，在《重寄表臣二首》里，他露出这种叹老的心思：

其一

对酒临流奈别何，

君今已醉我蹉跎。

分明记取星星鬓，

他日相逢应更多。

其二

世间人事有何穷，

过后思量尽是空。

早晚同归洛阳陌，

卜邻须近祝鸡翁。

江边饮酒赠别，你我都已鬓边泛白，今日离别无可奈何，来日我们相逢的机会应该更多。等以后告老还乡，一起去洛阳养老吧。

只不过养老对于刘禹锡来说，实在是太过遥远的事情，因为他放不下那颗为民奔走的炽热之心。

纵然与李程分别时万般不舍，但离愁别绪从刘禹锡踏上辖所后又被收藏起来，剩下一个冷静务实的形象。

刘禹锡到夔州后，和以往一样，开始自己的考察。他看到夔州学舍房屋倒塌废弃，学生越来越少，刘禹锡非常忧心夔州的教育事业。他撰写了《奏记丞相府论学事》给宰相建议，提出办学的重要性，并提出了具体解决的办法。

文章一开篇，刘禹锡便非常有远见地指出，现在能进言的朝臣，都认为天下缺乏人才，实际上，大家都没明白培养人才的道理。

人才不会无缘无故出现，也不会像果子一样从大自然中长出来。刘禹锡进一步以数字举例，说贞观年间，增修学舍一千二百所，学生三千多人。当时有五个国家上书，请求派遣子弟入太学学习。现在办学面临的窘境，根本弊病在于缺少经费，所以刘禹锡说自己想到了一个办法：

根据典章制度详细审议，废除全国各县用于祭祀的牲牢衣币，如果有学生，就依照唐玄宗开元年间的诏令，只用酒和肉干祭祀，州府的礼仪不变，而没收所得的资金，一半给所属的州，用来增修学舍，一半交予国库，数目也不少于万计。

除了关心夔州的文化教育事业之外，刘禹锡于长庆三年（823年）和长庆四年（824年）先后向朝廷上奏《夔州论利害第一表》和《夔州论利害第二表》，简练地回顾了自己在唐顺宗时被授予重任，唐宪宗时蒙冤被贬的经历，特地举出前朝明君任人唯贤的例子，"虽布衣之贱，远守之微，亦可施用"，表达自己身处夔州，依然心向朝廷，想要回京发挥余热的强烈愿望。

《夔州论利害第二表》中刘禹锡以开元年间的京兆尹裴耀卿为例，暗示自己的相似遭遇。

开元十八年（730年），裴耀卿提出关于疏通漕运、征调粮赋的建议，却没能施行，等到三年后裴耀卿升迁为京兆尹，唐玄宗询问裴耀卿赈灾之策，裴再度上奏前事，才被采纳。三年时间便积存粮米七百万石，省下运费三十万缗。

刘禹锡说裴耀卿的良策最早不被接纳，是因为有人搬弄是非，所以等到施行几年后，才展露效果。

之所以用开元年间的裴耀卿作对比，也是为了唤起唐穆宗对开元盛世的共鸣，以唐玄宗早年的励精图治来激励唐穆宗对政事的勤勉。

只不过此时坐在龙椅上的，是沉迷酒色、热衷马球的唐穆宗，庙堂高远，昏庸无道的君王，哪里听得见巴蜀之地小小刺史的一声呼喊。

刘禹锡这一时期的政绩并没有特别详细的记载，大概与政治上的奏疏不被采纳有关。但另一方面，夔州的山川地貌，烧荒种田的劳作日常，男女踏歌相和的场景，给刘禹锡增添了不少创作素材和灵感，因此他在夔州这段时间，诗文创作又进阶了一步，更给后世留下了宝贵的精神财富。

一是关于"竹枝词"这一词牌名的创立，二是佳作频出的咏史诗。

夔州连接夜郎，风俗笃信巫鬼，敬奉田神。春天刻木祭拜，冬天宰杀牲畜驱寒，而每次祭祀，男女都会唱《竹枝》。这种原本流行于巴渝一带的民歌，将音乐和舞蹈相结合，大家吹短笛，击鼓打节拍，歌者扬起衣袖尽情起舞，谁唱得多，谁就获胜。

刘禹锡听他们的歌曲，认为契合黄钟宫的羽调，结尾更是激切如吴地的民歌，虽然当地方言杂乱不懂，但曲调中的情思却含蓄婉转，颇有卫国民歌《淇奥》的优美。

他想起战国时屈原谪居沅湘之间，那边的百姓迎神时的唱词大多粗鄙庸俗，因此创作了《九歌》，到了唐代，荆楚一带都还有人在唱着《九歌》击鼓跳舞。同样身为贬官，自己不妨效法屈原，重新为《竹枝》填词，通过擅歌的人来传播，让更多人感受到当地的独特文化魅力。

为此，刘禹锡先后创作了两组《竹枝词》，前面九首为一组，后面又创作了两首。

这十一首诗歌，描绘了夔州一带的风土民情，用词通俗易懂，语言轻松活泼，韵律悠扬，朗朗上口，颇有生活趣味，这当中最为大众所熟知的，估计是这首：

> 杨柳青青江水平，闻郎江上唱歌声。
> 东边日出西边雨，道是无晴却有晴。

诗句相当白话，借着一场江边阵雨的天气，描写了一位沉浸在恋情中的女子的复杂心情。杨柳青青一片翠色，雨后江水漫到岸边，勾勒出一幅恬淡青绿的画卷，骤然听到的歌声，打破了宁静的画面，原来是心上人的声音，自然难抑心中的激动、羞涩之情。

抬头看天，东边阳光晴好，西边却还在飘雨，说这不是晴天吧，似乎又有晴意。不难看出，"晴"在这里暗指谐音字"情"，"无晴""有晴"对应了"无情""有情"，一语双关。

听到对方的歌声，一阵心动，却又捉摩不透男方对自己的心意，诗中的女子心怀希望，却又忐忑不安，对方对自己的感情，现在就如同这阵雨般的天气一样，难以揣摩。

另一组的九首《竹枝词》，语言清新流丽，带着浓郁的生活笔触，刻画出一组当地的风俗画。

这九首诗里，有在白帝城头上唱歌的"南人上来歌一曲，北人莫上动乡情"；有情意缠绵哀婉的"花红易衰似郎意，水流无限似侬愁"；有旅居此地妇人寄信给成都的丈夫的"凭寄狂夫书一纸，家住成都万里桥"；有妇女结伴春日踏青的"昭君坊中多女伴，永安宫外踏青来"……

当然，最有特色的，当数刘禹锡尤其擅长描写的劳动画面：

> 山上层层桃李花，云间烟火是人家。
> 银钏金钗来负水，长刀短笠去烧畲。

层峦叠翠的山，漫山点缀的桃花李花，如云似霞，蓝天白云下，缕缕炊烟缭绕山间，山上人家在生火做饭。女人们戴着银钏金钗下山背水，男人们拿着长刀戴着短笠去烧荒种地。

没有艰深晦涩的语言，也没有用典，只是如同远景镜头一样，展现了一幅恬淡的山区劳动生活画面，山间的自然环境，夔州山民的装束和劳动日常，文字朴实却又能让人感受到一种自然之美。

后来也确如刘禹锡所想，《竹枝词》的传唱度很广，南宋胡仔在《苕溪渔隐丛话》中说："予尝舟行苕溪，夜闻舟人唱吴歌，歌中有此后两句，余皆杂以俚语。岂非梦得之歌，自巴渝流传至此乎？"

关于《竹枝词》的艺术水平，后世的评价也颇高。黄庭坚在《山谷题跋》中说："刘梦得《竹枝》九章，词意高妙，元和间诚可以独步。道风俗而不俚，追古昔而不愧，比之杜子美《夔州歌》，所谓同工异曲也。昔东坡尝闻余咏第一篇，叹曰：'此奔轶绝尘，不可追也。'"又说："刘梦得《竹枝》九篇，盖诗人中工道人意中事者也。使白居易、张籍为之，未必能也。"

刘禹锡从当地日常生活中，创作出清新活泼的《竹枝词》，风靡一时，引来更多文人的效仿，比如朋友白居易，后世的苏轼和黄庭坚等，都有《竹枝词》作品传世，"竹枝词"也由此成为乐府词牌，演变成一种诗歌艺术形式。

同一时期，刘禹锡模拟当地民间情歌，以自己对当地生活的观察，以女性口吻，写下四首《踏歌词》乐府诗：

其一

春江月出大堤平，堤上女郎连袂行。

唱尽新词欢不见，红霞映树鹧鸪鸣。

其二

桃蹊柳陌好经过，灯下妆成月下歌。

为是襄王故宫地，至今犹自细腰多。

其三

新词宛转递相传，振袖倾鬟风露前。

月落乌啼云雨散，游童陌上拾花钿。

其四

日暮江头闻《竹枝》，南人行乐北人悲。

自从雪里唱新曲，直到三春花尽时。

　　四首诗歌着重描绘了当地踏歌这种风俗。春水漫上河堤，明月升起，月色溶溶，清辉洒在江上，江水与堤坝连成一片，大家手牵手，踏地击节，相互对歌，翩然起舞，通宵达旦，一派狂欢热闹的盛景。

　　然而欢唱之后，每个人的悲欢都不相同。

　　有一句接着一句唱着新词的女子，最后却发现情郎不见了，只剩下天边日出的红霞映照着树影，鹧鸪吱吱鸣叫，自己显得落寞无比；也有人兴尽归家，剩下喜欢玩乐的孩童还意犹未尽，沿路拾取女子们遗落的花钿，仿佛这场歌舞狂欢还没有结束。

　　巴蜀一带的民间风情，极大激发了刘禹锡，在夔州后期，他还创作了《浪淘沙词九首》，诗中景点涉及黄河、洛水、汴水、鹦鹉洲、濯锦江等水域。（也有人认为诗中涉及地点之所，或许并非同一时期所作。）

其一

九曲黄河万里沙，浪淘风簸自天涯。

如今直上银河去，同到牵牛织女家。

其二

洛水桥边春日斜，碧流清浅见琼砂。

无端陌上狂风急，惊起鸳鸯出浪花。

其三

汴水东流虎眼文，清淮晓色鸭头春。

君看渡口淘沙处，渡却人间多少人。

其四

鹦鹉洲头浪飐沙，青楼春望日将斜。

衔泥燕子争归舍，独自狂夫不忆家。

其五

濯锦江边两岸花，春风吹浪正淘沙。

女郎剪下鸳鸯锦，将向中流匹晚霞。

其六

日照澄洲江雾开，淘金女伴满江隈。

美人首饰侯王印，尽是沙中浪底来。

其七

八月涛声吼地来，头高数丈触山回。

须臾却入海门去，卷起沙堆似雪堆。

其八

莫道谗言如浪深，莫言迁客似沙沉。

千淘万漉虽辛苦，吹尽狂沙始到金。

其九

流水淘沙不暂停，前波未灭后波生。

令人忽忆潇湘渚，回唱迎神三两声。

这九首诗中第五首描绘的景色尤其美丽，濯锦江江水东流，两岸鲜花姹紫嫣红，春风轻拂水面，掀起的浪花冲刷着沙砾。女子剪下一段鸳莺锦，投入水中洗涤，锦缎在水中涤荡，柔美的色彩和线条，足以媲美天边的晚霞。

这首诗融入了刘禹锡一贯描绘劳动场景的风格，从视觉上通过饱满的色彩勾勒出百姓的劳动场景，再以大自然的景致与之对比，比如江水，抑或天空，侧面烘托出劳动的热闹。

如果文字可以转化成图片，刘禹锡诗作中关于劳动的文字，几乎都可以制作成美丽而写实的装饰画。

当然，这九首诗中知名度和传唱度最广的，自然是最能体现刘禹锡坚毅乐观精神的第八首。

通过比兴、托物言志的艺术手法，借由逐浪淘沙的艰辛场景，抒发自己迎难而上的毅力。不要说流言蜚语如惊涛骇浪一样深不可测，也不要说贬谪之人如泥沙沉入江底无出头之日。就像淘沙需要经过千万次的筛洗，尽管过程艰辛，但洗去沙砾，总会得到闪闪发光的金子。

全诗字句铿锵，一气呵成，读来有种酣畅淋漓的爽快之感，一扫沉沦的抑郁之气，这种情感上的雄浑之气和艺术张力，很难让人不被感染。

尤其是这句"千淘万漉虽辛苦，吹尽狂沙始到金"，更是鼓舞了后世无数失意之人，让每个身处人生低谷的人，都能在沮丧之际抬头望见星空，坚信自己的才华和内在，总会有被人发现的那一天，最终绽放出属于自己的光彩。

居于夔州，恰好蜀先主庙就在夔州白帝山上，刘禹锡自然免不了去拜访一番，毕竟大家都有一张行走江湖的名片——中山靖王后裔。

想到朝野的局势，倍感忧患的刘禹锡写下了这首《蜀先主庙》：

> 天地英雄气，千秋尚凛然。
>
> 势分三足鼎，业复五铢钱。
>
> 得相能开国，生儿不象贤。
>
> 凄凉蜀故妓，来舞魏宫前。

天地间充满先主刘备的英雄气概，纵然过去这么多年，依然令人肃然起敬。当初汉昭烈帝刘备建立蜀国，同吴、魏三分天下成鼎足，恢复五铢钱，志在振兴汉室。更有贤相诸葛亮辅佐，开创国基，只可惜儿子刘禅完全不像父亲那么贤明。最惨的还是那些蜀国宫殿里的歌女，亡国时被送往魏宫，殿前歌舞，亡国之君刘禅还没心没肺，乐不思蜀。

首联"天地""千秋"为全诗铺垫了雄阔的境界，让人胸中顿生豪情，渲染出英雄千古、浩气长存的气势。接着颔联信笔勾勒出刘备在汉末战乱群雄相争中奋然崛起、振兴汉室的宏大愿望，又营造出豪情壮志、英明神武的形象。

颈联却急转直下，前半句"得相能开国"，引出刘备三顾茅庐，请来诸葛亮的典故，塑造出刘备礼贤下士的贤德形象，得助力一统天下的雄心。然而下半句"生儿不象贤"的转折，足以叫人扼腕，为其志未酬却身先卒而痛惜。

表面上在写蜀汉灭亡，实际上这样鲜明的对比，何尝不是在暗示江河日下的大唐王朝呢？远到贞观之治，近到开元盛世，然而到了唐穆宗，国势几乎是日薄西山，强弩之末。君主昏聩无能，上位者骄奢荒唐，想要有所作为的有识之士得不到重用，怎能不让人叹息？

还没等刘禹锡叹息多久，长庆四年（824年）正月，唐穆宗就因服用方士金丹，病发而卒，年三十岁。

随后十六岁的太子继位，便是唐敬宗。随后大唐的皇帝更如同走马灯一般，更换得随意又频繁。

这年夏天时刘禹锡被派往和州（今安徽马鞍山和县），从夔州顺江而下，临行之际，刘禹锡留下了这首《别夔州官吏》。

看得出，这三年来，最让他自己感到骄傲的，当数被夔州的风土人情所激发创作的这些诗词：

三年楚国巴城守，一去扬州扬子津。
青帐联延喧驿步，白头俯偻到江滨。
巫山暮色常含雨，峡水秋来不恐人。
惟有九歌词数首，里中留与赛蛮神。

三年来驻守在楚国巴城，转眼就要前往扬州的扬子津渡口，诗中刘禹锡以扬子江指代和州。临别之际，青色帐篷接连不断，水驿处泊船也是热闹喧嚣，就连白发老人也来送行。

想想夔州这地，靠近巫山，傍晚的时候往往云雨笼罩，仿佛神话中所在之地。然而此处山高峡低，秋天的时候即便水流再凶猛，大家也不会感到害怕，生活宁静平和。转眼就要离开这里，非常舍不得，也没留下什么丰功伟绩，只有曾经写下的几首竹枝词，可以留给大家在赛神的仪式上歌唱。

一方面刘禹锡自谦在夔州没有太大功绩，但离别时送行的壮观程度，可以侧面看出他在当地受到的欢迎程度；另一方面他将自己的功劳归于所作的竹枝词，也能看出他对自己文字的自信。

和州赈灾

前往和州的刘禹锡还不知道，有一首情意满满的《寄和州刘使君》和他一样，奔波在路上：

> 别离已久犹为郡，闲向春风倒酒瓶。
> 送客特过沙口堰，看花多上水心亭。
> 晓来江气连城白，雨后山光满郭青。
> 到此诗情应更远，醉中高咏有谁听？

这首诗出自刘禹锡的好朋友张籍。

刘禹锡比张籍小五岁，两人当年曾同在京城为官，结下了友谊。

后来，刘禹锡受永贞革新影响，被贬朗州。张籍患了眼疾，十年内双目近乎失明，还好这一时间他结识了白居易，两人一见如故，白居易的乐观，给了张籍莫大的安慰，在诗文上两人也是经常切磋。

刘禹锡在夔州期间，张籍受韩愈举荐，担任国子博士，后又从水部员外郎改任主客郎中。

听说刘禹锡这次去和州任职，张籍从京城给他寄来这样一首诗，一方面是表达对老朋友的思念，一方面也是安慰刘禹锡，为他这些年的遭遇而愤愤不平。

和州是张籍的老家，诗中提到的沙口堰与水心亭都位于和州，沙口堰在城东十里，和州的河水自此流入江中，故而从和州走水路会在这里分别；水心亭也在城东，有古梅，所以别名梅堂亭。

离开家乡多年，张籍对和州的景致依然很了解，听闻刘禹锡去和州赴任，寄去诗歌，也能看出他在关心朋友之外，对家乡的一丝思念之情。

张籍在诗中畅想，刘禹锡到了和州后，呼朋唤友，饮酒赋诗，去沙口堰送别友人，在水心亭看花赏景。和州风景优美，江上水雾弥漫，雨后山川秀美，刘禹锡可以在这里安心饮酒赋诗。

只不过，这般良辰美景，知心人又在哪里？

张籍读懂了刘禹锡的寂寞，一方面宽慰刘禹锡寄情山水，延续诗情；一方面又担心刘禹锡去了和州，少了朋友相伴，心中的豪情壮志，很难实现，只能闲散度日。

故而清代唐诗评论家黄生在《唐诗摘钞》说："赋诗饮酒，送客看花，皆极写使君之闲。夫使君作郡，不宜闲者也，不宜闲而闲，则作郡非其所乐，意在言外矣。"

纸浅情深，只可惜路途遥远，行路不易，张籍的这首诗春天寄出，刘禹锡秋天才收到。

看过张籍的诗句，刘禹锡回赠了一首《张郎中籍远寄长句，开缄之日已及新秋，因举目前仰酬高韵》：

> 南宫词客寄新篇，清似湘灵促柱弦。
> 京邑旧游劳梦想，历阳秋色正澄鲜。
> 云衔日脚成山雨，风驾潮头入渚田。
> 对此独吟还独酌，知音不见思怆然。

从夔州到和州，路程很长，刘禹锡再次选择了水路，因此一路顺水而下，沿途可以与分别许久的朋友们逐一相聚。

这趟旅程，刘禹锡走了很久，他在自己的《历阳书事七十四韵》序中说："长庆四年八月，余自夔州转历阳（和州），浮岷江，观洞庭，历夏口，涉浔阳而东。"经过湖北、安徽，两岸青山相伴，一路逐浪而行，游览了不少风景名胜，诸如西塞山、洞庭湖等，这些景点的厚重历史，给刘禹锡带来了许多的创作灵感，在赴和州上任这段路程中，他写下了不少咏史怀古的经典作品。

路过黄石西塞山，看到西塞山屹立江边，站在山上仿佛置身江中，想到当年王濬率西晋水军从武昌顺流而下，讨伐东吴，最终攻破石头城，打得吴主孙皓求饶，抚今追昔，刘禹锡写下一首《西塞山怀古》：

> 王濬楼船下益州，金陵王气黯然收。
> 千寻铁锁沉江底，一片降幡出石头。
> 人世几回伤往事，山形依旧枕寒流。
> 今逢四海为家日，故垒萧萧芦荻秋。

秋风飒飒，芦荻飘摇，晋武帝命王濬率军伐吴。勇猛威武的西晋水军，乘坐着高大的战舰，自巴蜀顺江东下，势如破竹，直逼金陵，益州到金陵，千里之遥，东吴的将士却早被吓破了胆，"金陵王气"便黯然消失。

首联将双方对战的实力进行了鲜明对比，强弱悬殊，一眼看穿。颈联承接前面渲染的氛围，直接写出对战时的历史过程。东吴国君孙皓暴虐荒淫，自恃水军强大，放下千丈长铁链横锁江面，自以为万无一失，结果王濬率水陆八万人马，进入建业。孙皓只能前往王濬军门投降。

接下来刘禹锡没有着急总结，反而是将叙事主体放回西塞山点题，前面金戈铁马的战斗场面，却以西塞山的山川依旧来承接，将单纯的写景，关联到西塞山作为军事要塞，所具有的特殊历史地位。

西晋灭吴，终结三国，声势浩大的战事，最后以山川依旧作为转折，更有人世无常，王朝短暂，唯有山河不朽的感慨。由此，"人世几回伤往事，山形依旧枕寒流"更成为千古名句。

原本诗意在这里便可以结束，但刘禹锡笔锋陡转，将讽刺的对象放在了这场战事中的获胜方。即便当年王濬骁勇善战，智谋无双，但当年一统三国的西晋，早已是过眼云烟，只剩下古战场的残垣断壁和萧瑟的芦荻。

后人对刘禹锡的这首怀古诗评价颇高，不少人认为可以比肩杜甫。清人薛雪在《一瓢诗话》中认为该诗压过白居易和元稹："似议非议，有论无论，笔着纸上，神来天际，气魄法律，无不精到，洵是此老一生杰作，自然压倒元、白。"《旧唐书》直接称赞"江南文士称为佳作"。

《唐诗纪事》更特地附出一段文坛故事，说白居易、刘禹锡、元稹、韦楚客四人在白居易家相聚一堂，大家诗兴大发，相约写诗比较。主题限定为论南朝兴废，于是各自赋怀古诗。

没承想，刘禹锡给自己倒了一杯酒，饮完杯中酒，立马一挥而就，写成此诗。

四人中刘禹锡第一个完成，白居易阅过全诗，大为叹服，自愧不如，说："四人探骊龙，子先获珠，所余鳞爪何用耶！"书中借白居易之口盛赞刘禹锡这首诗作的优秀。《西塞山怀古》短短几十字，道尽王朝数百年的兴衰，足见刘禹锡功底深厚。

按照白居易对刘禹锡诗文才华的感叹，说出刘禹锡率先探得骊龙宝珠不是不可能，只不过这个时间节点，白居易刚准备从杭州搬家到洛阳，两人两年后才在扬州见面，显然不可能发生《唐诗纪事》所记载的事件。至于元稹、韦楚客的时间表，则更对不上。

但即便没有这段故事，这首诗的魅力也没受到丝毫影响，像俞陛云直接在《诗境浅说》中将这首诗推上了前所未有的高位：

余谓刘诗与崔颢《黄鹤楼》诗异曲同工。崔诗从黄鹤仙人着想，前四句皆言仙人乘鹤事，一气贯注。刘诗从西塞山铁锁横江着想，前四句皆言王濬平吴事，亦一气贯注。非但切定本题，且七律能四句专咏一事，而劲气直达者，在盛唐时，沈佺期《龙池篇》、李太白《鹦鹉篇》外，罕有能手，梦得独能方美前贤。

绕过西塞山，刘禹锡又去了趟洞庭湖。多年来，刘禹锡往返经过附近，都会特地去洞庭湖观赏一番。

这次旅程，他挥笔写下一首恬淡清新的小诗《望洞庭》：

湖光秋月两相和，潭面无风镜未磨。
遥望洞庭山水翠，白银盘里一青螺。

湖光秋月景色优美，水波不兴，如同光滑的镜面。刘禹锡还别出新意地将洞庭湖的山水比作白银盘里的青螺，豪迈之余，显得有些可爱。

同一时期，刘禹锡还在《洞庭秋月行》里描绘了另一幅月夜荡船的幽深画卷：

洞庭秋月生湖心，层波万顷如熔金。
孤轮徐转光不定，游气濛濛隔寒镜。
是时白露三秋中，湖平月上天地空。
岳阳楼头暮角绝，荡漾已过君山东。
山城苍苍夜寂寂，水月逶迤绕城白。
荡桨巴童歌竹枝，连樯估客吹羌笛。
势高夜久阴力全，金气肃肃开星躔。
浮云野马归四裔，遥望星斗当中天。
天鸡相呼曙霞出，敛影含光让朝日。
日出喧喧人不闲，夜来清景非人间。

这首诗没标注确切的写作时间，瞿蜕园推测可能是刘禹锡由夔州东下时的遣兴之作，因为诗中提到岳阳、君山，应该不是在朗州所作。刘禹锡当初被贬连州，后改为朗州，但中途接到诏令改道时，他是否已经到越州然后折而西行，现在还没有找到确切的文字记载。

而如果这首诗写于元和十年（815 年）刘禹锡被贬连州时，瞿蜕园认为他肯定会途经岳州，但当时正值夏天，跟诗中"白露三秋中"的时节不符合。

月色如金，层波荡漾，如万顷熔金，绚烂壮阔，开篇就极其大气地渲染出洞庭湖的美景。接下来通过水雾将孤洁的明月烘托出来，渲染出中秋月景的清冷。

诗歌后半部分由景过渡到人，写到荡舟的孩童、思乡的商客，寂寥而韵味深长。最后将这份孤独放大到整个天地，以朝阳的徐徐而出，衬托自己的遗世独立。

过洞庭，沿江东下，刘禹锡又顺道游览了池州和宣州。在池州，刘禹锡写下了盛赞峰峦秀美的长诗《九华山歌》，引言中他毫不掩饰自己的喜爱之情："九华山在池州青阳县西南，九峰竞秀，神采奇异。昔予仰太华，以为此外无奇；爱女几、荆山，以为此外无秀。及今年见九华，始悼前言之容易也。惜其地偏且远，不为世所称，故歌以大之。"

九华山在池州青阳县西南，属黄山支脉，因有九座山峰依次排列而得名，故而刘禹锡称"九峰竞秀，神采奇异"。李白当年第二次登九华山，写下名句"天河挂绿水，秀出九芙蓉"。

只可惜因为地理位置偏僻，路途遥远，没什么人知晓，不愿美景受到冷落，刘禹锡特地写诗歌咏，为它宣传，这又何尝不是刘禹锡的自我写照？

可以说，九华山在后世名声日益显著，很大程度上靠的是李白的两首名篇，以及刘禹锡的这首气势磅礴的长诗：

奇峰一见惊魂魄，意想洪炉始开辟。

疑是九龙夭矫欲攀天，忽逢霹雳一声化为石。

不然何至今，悠悠亿万年，气势不死如腾凸。

云含幽兮月添冷，日凝辉兮江漾景。

结根不得要路津，迥秀长在无人境。

轩皇封禅登云亭，大禹会计临东溟。

乘槎不来广乐绝，独与猿鸟愁青荧。

> 君不见敬亭之山黄索漠，兀如断岸无棱角。
>
> 宣城谢守一首诗，遂使声名齐五岳。
>
> 九华山，九华山，自是造化一尤物，焉能籍甚乎人间？

"九华经李青莲目，而名始定，经刘梦得目，而奇秀始特闻。"山峰奇秀，好似九条矫健的苍龙，横空出世，想要腾飞上天，一声惊雷，群龙化作石块。开篇就将九华山挺拔奇绝的外观刻画出来，气势十足，借着一层神话色彩，显得有些神秘。

黄帝封禅乘龙升天，大禹治水巡四海，然而这般壮丽的九华山，却不为人知，可惜了个中美景，只有山中的猿猴和飞鸟知晓，不免有些寂寞。

刘禹锡不由得发出感慨，宣城的敬亭山也没有特别突出的地方，平平无奇，却只是因为宣城太守谢朓的一首《游敬亭山》而名扬天下，可以与五岳齐名。九华山这样自然造化的神奇之处，怎么能寂寂无闻于人世间呢？

不难看出，刘禹锡是在借为九华山扬名，浇自己心中郁结的块垒，自己同九华山一样，胸怀大志，却一样被埋没在朝野之外。

最后接连唤了两遍"九华山"，也是刘禹锡对自身的感叹，希望自己也能名扬四海，不再默默无闻。

走到池州，刘禹锡收到老同事崔群的十日宴请邀约。崔群早年与刘禹锡、柳宗元、韩愈都是同事好友，永贞革新派被贬，崔群后来反而官至宰相，因此同柳宗元等人往来日益减少。

后来崔群因仗义执言，得罪了宦官集团，被贬为湖南观察使，又调任宛陵（今安徽宣城）观察使。

刘禹锡在宣州，同崔群相聚，作长诗《历阳书事七十四韵》，临别又作一首《谢宣州崔相公赐马》感谢崔群赠马：

> 浮云金络脑，昨日别朱轮。

衔草如怀恋，嘶风尚意频。

曾将比君子，不是换佳人。

从此西归路，应容躐后尘。

《历阳书事七十四韵》很长，蕴含了刘禹锡很深的感情，这几百字的诗句，堪称是对和州的全方面介绍：

一夕为湖地，千年列郡名。霸王迷路处，亚父所封城。

汉置东南尉，梁分肘腋兵。本吴风俗剽，兼楚语音伧。

沸井今无涌，乌江旧有名。土台游柱史，石室隐彭铿。

曹操祠犹在，濡须坞未平。海潮随月大，江水应春生。

忆昨深山里，终朝看火耕。鱼书来北阙，鹢首下南荆。

云雨巫山暗，蕙兰湘水清。章华树已失，鄂渚草来迎。

庐阜香炉出，溢城粉堞明。雁飞彭蠡暮，鸦噪大雷晴。

平野分风使，恬和趁夜程。贵池登陆峻，春谷渡桥鸣。

络绎主人问，悲欢故旧情。几年方一面，卜昼便三更。

助喜杯盘盛，忘机笑语訇。管清疑警鹤，弦巧似娇莺。

炽炭烘蹲兽，华茵织斗鲸。回裾飘雾雨，急节堕琼英。

敛黛凝愁色，安钿耀翠晶。容华本南国，妆梳学西京。

日落方收鼓，天寒更炙笙。促筵交履舃，痛饮倒簪缨。

谑浪容优孟，娇矜许智琼。蔽明添翠帟，命烛挂金茎。

坐久罗衣皱，杯频粉面骍。兴来从请曲，意堕即飞觥。

令急重须改，欢冯醉尽呈。诘朝还选胜，来日又寻盟。

道别殷勤惜，邀筵次第争。唯闻嗟短景，不复有馀酲。

众散扃朱户，相携话素诚。晤言犹亹亹，残漏自丁丁。

出祖千夫拥，行厨五熟烹。离亭临野水，别思入哀筝。

接境人情洽，方冬馈具精。中流为界道，隔岸数飞甍。

沙浦王浑镇，沧洲谢朓城。望夫人化石，梦帝日环营。
半渡趋津吏，缘堤簇郡甿。场黄堆晚稻，篱碧见冬菁。
里社争来献，壶浆各自擎。鸱夷倾底写，粔籹斗文成。
采石风传柝，新林暮击钲。茧纶牵拨剌，犀焰照澄泓。
露冕观原野，前驱抗斾旌。分庭展宾主，望阙拜恩荣。
比屋惮蝼蚌，连年水旱并。退思常后己，下令必先庚。
远岫低屏列，支流曲带萦。湖鱼香胜肉，官酒重于饧。
忆昔泉源变，斯须地轴倾。鸡笼为石颗，龟眼入泥坑。
事系人风重，官从物论轻。江春俄澹荡，楼月几亏盈。
柳长千丝宛，田塍一线绷。游鱼将婢从，野雉见媒惊。
波净攒凫鹢，洲香发杜蘅。一钟菰苇米，千里水葵羹。
受谴时方久，分忧政未成。比琼虽碌碌，于铁尚铮铮。
早忝登三署，曾闻奏六英。无能甘负弩，不慎在提衡。
口语成中遘，毛衣阻上征。时闻关利钝，智亦有聋盲。
昔愧山东妙，今惭海内兄。后来登甲乙，早已在蓬瀛。
心托秦明镜，才非楚白珩。齿衰亲药物，官薄傲公卿。
捧日皆元老，宣风尽大彭。好令朝集使，结束赴新正。

作为名城，宣城人文历史悠久，刘禹锡夜晚泊于牛渚山下，触景生情，吟就一首《晚泊牛渚》：

芦苇晚风起，秋江鳞甲生。
残霞忽变色，游雁有馀声。
戍鼓音响绝，渔家灯火明。
无人能咏史，独自月中行。

芦苇瑟瑟，晚风吹拂，秋日江面波光粼粼，日暮时分，漫天的晚霞已近尾声，天空变了颜色，只剩下大雁振动翅膀的余音。军营的鼓声渐息，渔家的灯火却点亮。

一派秋夜幽静，刘禹锡却感慨，"无人能咏史"，只有自己在月夜独行，诗句的情感落脚，与之前的《九华山歌》一样，都是借风景感叹自己的才华。

或许这时刘禹锡联想到李白的《夜泊牛渚怀古》："余亦能高咏，斯人不可闻。"

李白秋夜登高，泊舟牛渚山，想到东晋谢尚，感叹自己也能吟诵袁宏的咏史诗，可惜没有那识贤的将军倾听。

能识别自己才华的知音在何处？几十年后的刘禹锡发出了相同的感慨。

李白潇洒地挂帆而去，留下枫叶纷纷而落，刘禹锡只能伴着月色而行，寻找自己的出路。

同一时期，刘禹锡看到和州郡楼对面的望夫山，还写了一首《望夫石》：

> 终日望夫夫不归，化为孤石苦相思。
> 望来已是几千载，只似当时初望时。

望夫石的传说，在民间流传已久。刘禹锡的诗中，从化作石头的女子角度着笔，讲述日复一日的等待，千年以后，不改初心，同刘禹锡渴望回到长安的心境相差无几。

古往今来，有过不少望夫石相关的诗歌，像刘禹锡的朋友王建，也有一首同题诗作《望夫石》：

> 望夫处，江悠悠。化为石，不回头。
> 山头日日风复雨，行人归来石应语。

王建这首诗作，与后世王安石的《望夫石》一样，基调都是感慨女子盼夫未归，久化成石，风吹日晒，但王安石之作，将望夫石的传说比成娥皇和女英思念南巡死去的丈夫舜的故事：

> 云鬟烟鬓与谁期，一去天边更不归。
> 还似九疑山下女，千秋长望舜裳衣。

而刘禹锡这首诗，则不同于其他人写丈夫若是回来，石头有情回应，"几千载"铺垫了望夫之久，略去风吹日晒不提，单是从时间上就增加了厚度，而"只似当年初望时"，一来刻画女子初心未改，二来写出了"初望"之美，以无言代替有声，更为动人。

不难看出，刘禹锡所作这首《望夫石》，单是在借咏望夫石寄托自己的情怀，无论经历多少挫折，自己依然不改初心，积极向前，稳固如山。

故而宋代诗人陈师道在《后山诗话》中赞叹："望夫石在处有之，古今诗人共用一律，惟刘梦得云：'望来已是几千载，只似当时初望时。'语虽拙而意工。"

顺水而下，刘禹锡终于抵达和州，按照不少民间故事的说法，他在这里遇到了不小的刁难。

刘禹锡在和州被知县挤兑，最后不得不去一间破旧的陋室居住，刚直豁达的刘禹锡，对这样的为难并没有放在心上，非但乐呵呵地去了，还写下了经典作品《陋室铭》：

> 山不在高，有仙则名。水不在深，有龙则灵。斯是陋室，惟吾德馨。苔痕上阶绿，草色入帘青。谈笑有鸿儒，往来无白丁。可以调素琴，阅金经。无丝竹之乱耳，无案牍之劳形。南阳诸葛庐，西蜀子云亭。孔子云：何陋之有？

《陋室铭》可以说是家喻户晓，连带着这个故事也十分传奇。文坛大佬虎落平阳被犬欺，而当事人乐观旷达的人生态度，不屈不挠的耿介之气，以一篇文章传颂千年。

然而，事实上，这个故事可能是假的，甚至《陋室铭》也可能不是刘禹锡所作。

首先，刘禹锡去和州是任刺史，属当地最高长官；其次，宋代以前没有"知县"的说法，唐代县之长官为县令，以佐官代理县令之职者则称"知县事"。

所以，刘禹锡不太可能遭到当地其他官员的刁难。

另一方面，这篇《陋室铭》并没有收录在刘禹锡的文集中，欧阳修等人在编撰《新唐书》时，将这篇文章划到了崔沔名下。

直到南宋后期，有人编写《古文集成》，第一次正式采用了刘禹锡的署名。等到清代，这篇铭文则被选入《古文观止》。

瞿蜕园更是从文本的角度论证，这篇文章并非刘禹锡所作：

第一，文中语意，主人公以扬雄、诸葛亮自比，与刘禹锡的身世不吻合，刘禹锡还没入世时，就积极进取，并没有隐逸之心；

第二，"谈笑有鸿儒，往来无白丁"，瞿蜕园认为刘禹锡不至于出语庸陋至此；

第三，全篇的问题，也不是元和中所有，故而瞿蜕园很费解地提出，不知道为什么宋代人言之凿凿确认这是刘禹锡所作。

瞿蜕园对这首铭文被划到刘禹锡名下非常不满，还吐槽乾隆帝题诗的自注："定州南有陋室，相传刘禹锡制铭即其处。然迹其生平，趋炎乱政，实有愧于德馨之语。"瞿蜕园认为乾隆把《陋室铭》牵强附会到定州，尤其可笑。大概瞿先生更多的不满是乾隆帝对刘禹锡品行的否定吧。

尽管这篇《陋室铭》未必是刘禹锡所作，但它所代表的乐观、坚毅的精神，千百年来鼓舞了无数人，给予那些处在人生低谷的人无限慰藉，而在大众的眼中，这样的精神与刘禹锡的形象是最为匹配的。因此即便这篇铭文被归在刘禹锡名下，反对声倒也没有那么大，甚至还有这样一个不畏刁难的故事一同流传下来。

刘禹锡在和州，政务繁忙，"无案牍之劳形"大概只存在于想象中。和州常年自然灾害严重，刘禹锡在《历阳书事七十四韵》提到"比屋惇嫠辈，连年水旱并。退思常后已，下令必先庚"，家家户户都是孤苦无依的人，这里连年水旱灾害频繁。

两年前，白居易被任命为杭州刺史，江淮地区出现大面积饥荒，"长庆二年，江淮饥"，后来两年相继再旱，白居易曾写文"去秋愆阳，今夏少雨，实忧灾沴，重困杭人"，侧面可见刘禹锡上任时，和州的混乱局面。

刘禹锡上任前，和州下面的乌江镇还爆发了一场动乱，当地百姓杀县令取米，情势相当危急。因此刘禹锡一上任，面对连年的旱灾，以及民众的怨气，他亲赴各地考察，安抚当地百姓。

跟往常一样，刘禹锡撰写了《和州刺史厅壁记》，对和州的风景名胜，风土特产，都进行了翔实的介绍：

历阳，古扬州之邑。于天文直南斗魁下，在春秋实句吴之封，后为楚所取。秦并天下，以隶九江，而亦为九江治所。晋平吴，复隶淮南。至永兴初，自析为郡，益之以乌江。宋台建，目为南豫州，又益之以龙亢。梁之亡也，北齐图霸功，拥贞阳侯以归，王僧辩来迎，会于兹地，二国和协，故更名和州。陈、隋间无所革，国朝因隋，武德中更龙亢为含山。初，开元诏书以口算第郡县为三品，是为下州。元和中，复命有司参校之，遂进品第一。

按见户万八千有奇，输缗钱十六万，岁贡纤绤二筐，吴牛苏二钧，糁鲋九瓮，茅蒐七千两。镇曰梁山，浸曰历湖。田艺四谷，蓁全六扰。

庐有旨酒，庖有腴鱼。神仙故事，在郊在薮。玄元有台，彭铿有洞，名山曰鸡笼，名坞曰濡须。异有血闻，祥有沸井。城高而坚，亚父所营。州师五百，环峙于东南，濒江划中流为水疆，揭旗树蒇，十有六戍。自孙权距陈，出入六代，常为宿兵之地，多以材能人处之。本朝混一，号为善部。然用人差轻，非复曩时之比也。

始，余以尚书郎得谴刺连山，今也由巴东来牧。考前二邦之籍与版图，才什五六，而地征三之。究其所从来，生植有本：女工尚完坚，一经一纬，无文章交错之奇；男夫尚垦辟，功若恋本，无即山近盐之逸。市无嗤眩，工无雕彤，无游人异物以迁其志。副征令者率非外求，凡百为一出于农桑故也。繇是而言，瘵天下者其在多巧乎！宝历元年六月二十一日，刺史中山刘某记。

在和州期间，刘禹锡并不寂寞，当时任浙西节度使的李德裕还在镇守润州（今江苏镇江）。故而刘禹锡每次赋诗，都会寄给对方，让李德裕可以同题而作。

后来李德裕镇守蜀州，两人之间的诗词唱和一直未曾中断过，最后刘禹锡将这些诗文整理起来，编成一卷诗集，并为之写了序言《吴蜀集引》，可见这段友情对刘禹锡影响深远。

宝历二年（826年），刘禹锡奉诏回洛阳，中途路过金陵（今江苏南京），他写下了唐代咏史诗的名作《金陵五题》。

"余少为江南客，而未游秣陵，尝有遗恨。后为历阳守，跂而望之。适有客以《金陵五题》相示，逌尔生思，欻然有得。"刘禹锡在序言中说自己年少时在江南，却从未到过南京，后来去了和州，虽然距离更近，但始终只能遥望。恰好有朋友给他看了一组《金陵五题》，他不由得一时技痒，也作了一组。谁能想到，创作这五首传唱千古的诗歌时，刘禹锡竟然还没去过南京呢。

先来看这首最具代表性的《金陵五题·石头城》：

> 山围故国周遭在，潮打空城寂寞回。
>
> 淮水东边旧时月，夜深还过女墙来。

"潮打空城寂寞回"，刘禹锡赋予了潮水情感，将自己的一腔寂寞蕴藏在潮水中，说潮水也感到寂寞，王朝更迭的无常和历史的厚重感，倾泻而出。

这一句刘禹锡自己也非常自豪，他说后来白居易某天读后"掉头苦吟，叹赏良久"，还评价说这句"潮打空城寂寞回"一出，以后的诗人都无法下笔了。刘禹锡自认这五首诗中，其他四首虽然不及此，但也不算辜负白居易的评语。

可见刘禹锡对自己这首诗作相当满意，这一时期，刘禹锡的文学创作已经相当成熟。

再来看这首《金陵五题·乌衣巷》，不提东晋时王谢两家的显赫背景，只是通过堂前燕这一形象，"飞入寻常百姓家"，展现门阀世家的衰落：

> 朱雀桥边野草花，乌衣巷口夕阳斜。
>
> 旧时王谢堂前燕，飞入寻常百姓家。

朱雀桥边野草丛生，野花点缀其间，恣意旺盛，原本车马喧嚣的乌衣巷口，如今只剩残垣断壁，在日暮下显得更加衰败。

沧海桑田，过往的簪缨世家，如今只有燕子徘徊，那些史书中叱咤风云的人物、煊赫至极的家族，都已是过眼云烟。

这种以小见大的侧面烘托，将历史的更迭勾勒得更加形象，也增添了观者的叹惋之情，因此俞陛云在《诗境浅说续编》评价说："朱雀桥、乌衣巷皆当日画舸雕鞍、花月沉酣之地，桑海几经，剩有野草闲花，与夕阳相妩媚耳。茅檐白屋中，春来燕子，依旧营巢，怜此红襟俊羽，即昔时王、谢堂前杏梁栖宿者，对语呢喃，当亦有华屋山丘之感矣。此作托思苍凉，与《石头城》诗皆脍炙词坛。"

这组诗歌除了被历代诗评家高度赞赏，更得到了不少文人的化用，比如北宋词人周邦彦的《西河·金陵怀古》，更是通篇化用《石头城》和组诗第二首《乌衣巷》的诗意：

佳丽地，南朝盛事谁记？山围故国绕清江，髻鬟对起；怒涛寂寞打孤城，风樯遥度天际。

断崖树，犹倒倚；莫愁艇子曾系。空余旧迹郁苍苍，雾沉半垒。夜深月过女墙来，伤心东望淮水。

酒旗戏鼓甚处市？想依稀、王谢邻里，燕子不知何世；入寻常巷陌人家，相对如说兴亡，斜阳里。

如果说前两首诗铺垫了朝代更迭，六朝如云烟的沧桑氛围，那么接下来这首《金陵五题·台城》则以史为鉴，直接点出了王朝灭亡的根源：

台城六代竞豪华，结绮临春事最奢。

万户千门成野草，只缘一曲后庭花。

簪缨世家，王侯将相，最后都化作庭前野草，还不都是因为高高在上的帝王，挥霍奢华，尤其是南陈末代皇帝陈叔宝在台城修建的结绮、临春、望仙三座楼阁，高达数十丈，"其窗牖、壁带、县楣、栏槛之类，皆以沉檀香为之。又饰以金玉，间以珠翠，外施珠帘。内有宝床宝帐，其服玩之属，瑰丽皆近古未有"。

每当微风刮过，香飘数里，旭日初升，庭院光亮无比。园内以积石为山，又引水为池，种植奇花瑶草，陈后主与宠妃各自居住在三座楼阁中，彼此之间有走廊往来，异常奢靡。

陈叔宝除了骄奢淫逸，修筑高楼，更是荒废朝政，终日沉迷宴饮，为了同后妃游宴，精通音乐的他，谱了新曲《玉树后庭花》，还自己填词：

> 丽宇芳林对高阁，新装艳质本倾城。
> 映户凝娇乍不进，出帷含态笑相迎。
> 妖姬脸似花含露，玉树流光照后庭。

即便是铁打的江山，也禁不住这样的败坏，最后隋军攻入，陈后主降隋，病死洛阳，故而这首华美艳丽的《玉树后庭花》，其音甚哀，后世多用来指称亡国之音。

六朝繁华转瞬即逝，高门大户亡于帝王的靡靡之音，刘禹锡这首诗显然是在借古讽今，希望皇位上的唐敬宗能以史为鉴，端正一国之君的态度，做个明君。

只可惜刘禹锡的愿望虽好，才情横溢，也挡不住龙椅上的执政者烂泥扶不上墙。《旧唐书》里直接批驳执政者，全靠裴度支撑，否则国将不国："宝历不君，国统几绝，天未降丧，幸赖裴度，复任弼谐。彼狡童兮，夫何足议！"

如果是明主，面对朝纲如此，早已宵衣旰食，夙兴夜寐，然而十八岁的唐敬宗，只知道一味沉迷享乐，大兴土木，殿中摆宴，甚至还深夜猎狐，对于国家来说，则是莫大的灾难。另一方面，唐敬宗还特别迷信宗教，尊崇道教的同时，还不忘巡行佛寺。

刘禹锡的一番苦心，算是白费。

五首咏史诗中，这首《金陵五题·生公讲堂》是唯一一首与政治没有太大关系的：

> 生公说法鬼神听，身后空堂夜不扃。
> 高坐寂寥尘漠漠，一方明月可中庭。

生公是对东晋高僧竺道生的尊称，他坚信众生皆可成佛，倡导顿悟成佛说，他特别善于讲说佛法。相传到苏州时他向石头传道，宣扬佛法，感化力极强，连石头都纷纷点头，由此有了"顽石点头"的典故。

当年生公说法连鬼神都来听讲，如今生公坐化，留下空堂一座，夜晚都不用关门。用来讲经论道的高座早就积满灰尘，推门而出，却见一片月光倾洒在庭中。

当初的热闹映衬今日的衰败，或许不变的，只有这清冷的明月。

排在最后的《金陵五题·江令宅》，写的是亡国宰相江总的旧邸：

> 南朝词臣北朝客，归来唯见秦淮碧。
> 池台竹树三亩馀，至今人道江家宅。

五首关于金陵的怀古诗歌，无论是历史古迹还是人文旧居，背后都是刘禹锡对今昔变化的感慨。

其实不单刘禹锡一人，纵观有唐一代，诗人们对六朝都有一种特殊的感情，尤其是六朝古都南京，山川草木、亭台楼阁，都带着六朝的风流和血泪。

诗人们推崇六朝文人清丽质朴的文风，追寻琅琊王氏与陈郡谢氏的潇洒风范，然而六朝的灭亡给诗人们敲响了一记警钟。因而诗人们，尤其是在中唐以后，总不忘借由六朝亡国之君贪图享乐来讽刺现实。

《武昌老人说笛歌》一诗是刘禹锡从夔州转和州刺史道上之作：

> 武昌老人七十馀，手把庚令相问书。
> 自言少小学吹笛，早事曹王曾赏激。
> 往年镇戍到蕲州，楚山萧萧笛竹秋。
> 当时买材恣搜索，典却身上乌貂裘。

古苔苍苍封老节，石上孤生饱风雪。

商声五音随指发，水中龙应行云绝。

曾将黄鹤楼上吹，一声占尽秋江月。

如今老去语犹迟，音韵高低耳不知。

气力已微心尚在，时时一曲梦中吹。

君自幽谷

长庆四年（824 年）冬天，韩愈去世，甚至还没熬过十二月。

刘禹锡与韩愈的关系，有些复杂，也有些别扭。不同于刘禹锡跟柳宗元宛如一体的命运，刘禹锡和韩愈的人生际遇，这些年各自大起大落，每个节点都不太一致，或许正因为如此，才显得有些不一样。

刘禹锡、柳宗元和韩愈年纪相仿，品行高洁，又都是被贬谪后做出实绩之人，加上书信往来频繁，在大众的眼中，这是牢固的友谊铁三角关系。

但事实上并非如此。诚如刘禹锡后来在《祭韩吏部文》中写道："子长在笔，予长在论。持矛举楯，卒不能困。时惟子厚，窜言其间。"

刘禹锡认为韩愈文采飞扬，自己则擅长议论，每当两人争辩得难舍难分之际，往往是柳宗元充当了两人的调和剂，出面调和。

其实也从侧面说明，刘禹锡与韩愈的友谊，更多是建立在同柳宗元的往来上。而刘禹锡跟韩愈，无论是各自强硬的性格，还是对佛教的态度，都没有那么合拍。

唐德宗贞元十七年（801 年），李翊曾向韩愈请教写文章的技巧，韩愈回以一篇《答李翊书》，认为"气盛则言之短长与声之高下者皆宜"，掀起轰轰烈烈的古文运动。

作为同道中人的柳宗元，在《报袁君陈秀才避师名书》中提出"文以行为本，在先诚其中"，后来在永州困顿至极，柳宗元反而写出了一系列优秀的文学作品，响应古文运动。

然而作为写文章讲究实用的刘禹锡，却没有加入其中。

三人友谊始于御史台共事时期，彼时各自都是勇往直前、一心为公、敢于谏言的年轻人。

韩愈因秘奏李实，被贬阳山，后来唐德宗驾崩，李实被贬，永贞革新风风火火，刘禹锡同柳宗元风头正盛，远在连州的韩愈还想着或许昔日的朋友们可以拉自己一把。

可惜他等啊等，并没有等到回京的诏令，反而等来去江陵任职的消息。愿望落空，让韩愈不免多想，他觉得是自己得罪了谁，琢磨了一段时间，终于有了一个猜测——刘禹锡和柳宗元出卖了他。

前面已经提过，韩愈出发去江陵时，给王涯、李建、李程寄去一首诗《赴江陵途中寄赠王二十补阙、李十一拾遗、李二十六员外翰林三学士》，吐露自己的怀疑。

"天子恻然感，司空叹绸缪。谓言即施设，乃反迁炎州"，韩愈说自己原本上书，是为了获得皇帝的支持，明明奏疏的内容就要施行，自己却遭到贬谪，肯定是刘禹锡和柳宗元泄露了自己的话。

不过韩愈倾诉的对象也挺奇怪，李程、李建与刘禹锡、柳宗元的关系也是非常好。

永贞革新失败，革新派被贬，李建主动写信慰问刘禹锡和柳宗元，更不用说除了两次去信，李建还给柳宗元带去治病的药饵，并写信让在常州做刺史的哥哥李逊关照柳宗元。

柳宗元在永州的第四个年头，写下一篇《与李翰林建书》，全文感情真挚，平实自然，毫无故意作文之感，可以看出两人完全是知心朋友。

揣测一下，韩愈这首给他们三位共同好友寄去的诗，大概目的是为了让这三人看清柳、刘两人的真面目。

韩愈一脸愤懑，提到自己当初被贬谪出京，连多余的时间都不给自己，妹妹生病卧床，妻子抱着孩子同自己分别，场面相当凄凉，"中使

临门遣，顷刻不得留。病妹卧床褥，分知隔明幽。悲啼乞就别，百请不
领头。弱妻抱稚子，出拜忘惭羞"。

因此，说韩愈根据自己的猜测记恨刘禹锡和柳宗元，也是情理之中。
不得不说，古人们处理友情的方式太过委婉，翻脸也翻得这么讲究和
体面。

只不过韩愈这首诗怕是没有达到目的，毕竟刘禹锡在给杜佑写信相
求时，还假借韩愈之名，为自己找了个台阶。

前面已经说过，哪怕跌落尘埃，终其一生，刘禹锡和柳宗元都没说
过王叔文的一句不是，维持着君子的高洁品行。

而刘禹锡在岳阳楼同韩愈相聚，互相感慨被贬谪的命运，大概他没
想到，两人刚分别，韩愈就迫不及待地写下了长诗《永贞行》：

> 君不见太皇谅阴未出令，小人乘时偷国柄。
>
> 北军百万虎与貔，天子自将非他师。
>
> 一朝夺印付私党，懔懔朝士何能为。
>
> 狐鸣枭噪争署置，睒睗跳踉相妩媚。
>
> 夜作诏书朝拜官，超资越序曾无难。
>
> 公然白日受贿赂，火齐磊落堆金盘。
>
> 元臣故老不敢语，昼卧涕泣何汍澜。
>
> 董贤三公谁复惜，侯景九锡行可叹。
>
> 国家功高德且厚，天位未许庸夫干。
>
> 嗣皇卓荦信英主，文如太宗武高祖。
>
> 膺图受禅登明堂，共流幽州鲧死羽。
>
> 四门肃穆贤俊登，数君匪亲岂其朋。
>
> 郎官清要为世称，荒郡迫野嗟可矜。
>
> 湖波连天日相腾，蛮俗生梗瘴疠烝。
>
> 江氛岭祲昏若凝，一蛇两头见未曾。

怪鸟鸣唤令人憎，蛊虫群飞夜扑灯。
雄虺毒螫堕股肱，食中置药肝心崩。
左右使令诈难凭，慎勿浪信常怸怸。
吾尝同僚情可胜，具书目见非妄征。
嗟尔既往宜为惩。

韩愈在诗中直接把王叔文等人看作窃国小人，直接揭露他们白日里收受贿赂，朝中元老功臣被逼不能出声，国将不国。

但韩愈也有矛盾的地方，尽管此前怀疑刘禹锡和柳宗元出卖自己，却在这篇骂革新派的长诗中为两人求情：

"四门肃穆贤俊登，数君匪亲岂其朋"，王叔文是奸臣，但他周围的亲友也不都是坏人；

"郎官清要为世称，荒郡迫野嗟可矜"，刘禹锡和柳宗元虽然与王叔文亲近，但他们本来就担任着朝廷职务，有着良好的声誉，与王叔文原本非亲非故，所以不至于把他们贬到蛮荒之地，遭受这么大的罪过吧。

韩愈这首亲疏分明的长诗，是三人友谊后来得以继续的基础。或许随着时间的推移，韩愈也想明白了，即便是改革时刘禹锡和柳宗元想将自己弄回京城，凭借三个月的短命改革，也没那么快实现。

但三人之中，韩愈同柳宗元的往来，明显比同刘禹锡的应和要真诚得多，如果没有柳宗元在中间的调节，刘禹锡与韩愈会显得更加针锋相对，感情微妙。

刘禹锡在朗州漫步桃源的第七个年头（812年），韩愈被诏回长安，复任国子博士，并在第二年被调为史馆修撰，奉命修撰《顺宗实录》。

韩愈本来不太愿意参与，有个愣头青，一位名叫刘轲的秀才，给韩愈写了一封信，质疑他的态度有问题。本来就憋了一肚子火的韩愈，回以一篇《答刘秀才论史书》，举了几个例子，大意就是历代修史的人基本上没啥好下场，自己要是参与修史，恐怕也会招致天灾人祸。

一贯天不怕地不怕，以直言敢谏著称的韩愈，却以这样一个理由挡掉修史这一差事，实在不太合理，可能更为深层的原因是唐顺宗在朝的历史对韩愈的打击太多，他无法完全做到公正客观地记录和看待所有事情，包括刘禹锡和柳宗元等朋友在政治舞台上的言行，他也无法做到完全不掺杂私心去记载。

但拥有玲珑剔透之心的柳宗元，却比韩愈在这方面显得要豁达许多。他主动迈出第一步，以一篇书信体散文《与韩愈论史官书》，与韩愈探讨了史官一职。

柳宗元批评了韩愈的迷信思想，还激励他要尽职尽责，忠于职守，其实也是在安慰韩愈，无需顾忌太多，说自己想说的话，刚直不阿就好。

这才有了后来的《顺宗实录》。

元和十四年（819年）正月，韩愈因反对唐宪宗迎佛骨惹怒唐宪宗，后来在裴度和崔群的求情下，才从死亡边缘被拉回，只是被贬去了潮州。

在柳州的柳宗元听说后，委托一个叫元集虚的道士前往潮州看望韩愈，两人恰好在韩愈赴潮州途中相遇。

这种雪中送炭的情意，让自幼便失去兄长的韩愈非常感动，激动之下写就《赠别元十八协律六首》（节选）盛赞柳宗元：

> 吾友柳子厚，其人艺且贤。
> 吾未识子时，已览赠子篇。
> 寤寐想风采，于今已三年。
> 不意流窜路，旬日同食眠。

这几年刘禹锡与韩愈之间发生了什么呢？答案是，忙着吵架。

柳宗元和刘禹锡第一次被贬，韩愈给柳宗元写了一封信，开篇一句"你知道天的道理吗"，就想给柳宗元上课，说人在生病、困倦、饥寒的时候只会仰天大呼，说天有问题，"伤害人的人得势，保护人的人遭殃！

世道不公"。实际上明明是这些人自己有问题，不懂天的道理，只会呼喊和埋怨，要我说，上天听到这些人的大呼小叫，只会对有功的人进行大大的奖赏，对闯祸的人进行重重的惩罚。

换言之，韩愈这封信就是借着说天的道理，把柳宗元和刘禹锡参与永贞革新失败，归根于天意，不信佛的韩愈却笃信天命观。

柳宗元看着自己在永州被烧坏的临时住宅，气不打一处来，耐着性子给韩愈回了一封《天说》，驳斥韩愈的所谓天意奖惩论。

全文前面三分之二都在展示韩愈的天命说，剩下三分之一则有理有据批判韩愈的说法。柳宗元说韩愈只是有感而发，然后论述天与地由不同的东西组成，寒来暑往的变化被称作阴阳。人如果有功劳，那是他自己创造的；如果招致灾祸，希望上天来惩罚，那是十分荒谬的。

最后向来非常温柔的柳宗元毫不客气地说，如果你信你的道义，并当作行动的规范，那就为道义而生，为道义而死好了，干吗要把生死得失的原因归根于天呢？

这场辩论争来争去，其实韩愈并不占上风，但远在朗州观战的刘禹锡实在是不甘寂寞，立马提笔写文，写就《天论》上、中、下三篇，气势上为柳宗元又拉高了一筹。

在《天论》上篇，刘禹锡就直言作文的理由："余之友河东解人柳子厚作《天说》，以折韩退之之言，文信美矣，盖有激而云，非所以尽天人之际，故余作《天论》，以极其辩云。"

翻译过来就是，我的好朋友柳宗元写文章与韩愈辩论，文辞优美，句句在理，但我觉得他还是太克制了，所以我来继续接棒，补充理论依据，打赢这场辩论赛。

这三篇《天论》，集中阐明了刘禹锡的哲学思想，比如第一篇刘禹锡便提出"天与人交相胜耳"，他认为天是有形之物中最大的，人则是动物里最厉害的，天和人各有所长。

"人能胜乎天者，法也。法大行则是为公是，非为公非。天下之人，蹈道必赏，违之必罚"，人能胜过天的地方，在于法。公正严明的法治环境里，做了好事会受到嘉奖，做了坏事会受到惩罚。

刘禹锡最后总结，说柳宗元和韩愈两人的说法，是站在了各自的角度，如果国家法治松弛，奖惩颠倒，没有公平正义，大家除了呼天喊地还能做什么，只能笃信上天有灵。

三人这场争执终于告一段落，但刘禹锡和韩愈你来我往延续数十年的论战才开始。

刘禹锡在朗州大力推广武陵桃源，还同窦常联手，请人绘制桃源图寄给时任尚书的卢仝，目的是转呈皇帝，结果韩愈马上跳脚，写了长诗《桃源图》进行讽刺：

神仙有无何渺茫，桃源之说诚荒唐。

流水盘回山百转，生绡数幅垂中堂。

武陵太守好事者，题封远寄南宫下。

南宫先生忻得之，波涛入笔驱文辞。

文工画妙各臻极，异境恍惚移于斯。

架岩凿谷开宫室，接屋连墙千万日。

嬴颠刘蹷了不闻，地坼天分非所恤。

种桃处处惟开花，川原近远蒸红霞。

初来犹自念乡邑，岁久此地还成家。

渔舟之子来何所，物色相猜更问语。

大蛇中断丧前王，群马南渡开新主。

听终辞绝共凄然，自说经今六百年。

当时万事皆眼见，不知几许犹流传。

争持酒食来相馈，礼数不同樽俎异。

月明伴宿玉堂空，骨冷魂清无梦寐。

夜半金鸡啁哳鸣，火轮飞出客心惊。

> 人间有累不可住，依然离别难为情。
>
> 船开棹进一回顾，万里苍苍烟水暮。
>
> 世俗宁知伪与真，至今传者武陵人。

说什么桃源仙境，求仙问道实在太渺茫荒唐。刘禹锡当个闲官多好，非要凑什么热闹，要去搞什么桃源图。

这些年，刘禹锡和柳宗元的仕途在朗州和永州停滞不前时，韩愈的运势却在一点点发生变化，兜兜转转，元和十一年（816年）正月，韩愈晋升为中书舍人，此后获赐绯鱼袋，一时风头无两。

在韩愈、刘禹锡两人中间充当调和剂的柳宗元去世后，刘禹锡同白居易越走越近。强烈排佛的韩愈与亲近佛教的白居易无论是政治立场还是宗教信仰，都走不到一起。因此即便还有张籍这些共同朋友，刘禹锡与韩愈的感情也不见得浓厚到哪里去。

长庆四年（824年），韩愈去世，刘禹锡为他写了祭文，《祭韩吏部文》：

高山无穷，太华削成，人文无穷，夫子挺生，典训为徒，百家抗行。当时勃者，皆出其下，古人中求，为敌盖寡。贞元之中，帝鼓薰琴，奕奕金马，文章如林。君自幽谷，升于高岑，鸾凤一鸣，蝌蟥革音。手持文柄，高视寰海，权衡低昂，瞻我所在。三十余年，声名塞天。公鼎侯碑，志隧表阡，一字之价，辇金如山。权豪来侮，人虎我鼠；然诺洞开，人金我灰。亲亲尚旧，宜其寿考；天人之学，可与论道。二者不至，至者其谁？岂天与人，好恶背驰？昔遇夫子，聪明勇备。常操利刃，开我混沌。子长在笔，予长在论。持矛举盾，卒不能困。时惟子厚，窜言其间，赞词愉愉，固非颜颜。磅礴上下，义、农以还。会于有极，服之有言。

文中突出了韩愈的品格和才学，盛赞韩愈"君自幽谷，升于高岑"，但也不忘叹息一句，"公鼎侯碑，志隧表阡，一字之价，辇金如山"，韩愈作为当时的文坛大佬，给人撰写墓志铭，为了收取高额的润笔费，甚至罔顾事实，阿谀奉承，有些文章违背良知，被不少人诟病。

但人总是多面的，韩愈仕途得意时，也没少提拔落魄子弟，比如年少的李贺等。也不知道黄泉之下的他，是否还记得那个多年前带着一首《雁门太守行》，前来拜访他的年轻人李贺？

刘禹锡在后面的附诗中，歌颂了韩愈的气节，无比怀念这位亡友：

> 岐山威凤不复鸣，华亭别鹤中夜惊。
>
> 畏简书兮拘印绶，思临恸兮志莫就。
>
> 生刍一束酒一杯，故人故人歆此来。

第六章　沉舟侧畔千帆过

扬州相会

在和州上任两年后，唐敬宗宝历二年（826 年），裴度回到长安，重新主持政事。在裴度的努力下，同年秋天，刘禹锡被诏回洛阳。

这趟东归之旅，刘禹锡从和州走长江水系顺江而下，经南京，抵达扬州渡口，换道大运河航线从镇江抵达洛阳。

当然，从现在的地图来看，会感觉刘禹锡仿佛是为了专程去趟南京和扬州绕远路，但以当时的地理环境和旅程条件而言，刘禹锡这样的选择是非常顺路且轻松的一条路线。

江水脉脉，日出日落，相比当年从朗州回长安的期盼和忐忑，五十多岁的刘禹锡行至途中，感慨万千。

因此在写出《金陵五题》之后，这次刘禹锡终于路过了他心心念念的南京，写下《罢和州游建康》：

> 秋水清无力，寒山暮多思。
> 官闲不计程，遍上南朝寺。

秋水清浅，日暮时分，寒山显得异常萧条，诚如孤身一人的自己，"暮多思"。在和州这两年，忙着治理灾害，救助百姓，没有在夔州那样闲适，缺少文思泉涌的空闲时光。反倒是如今卸任即将离开，倒是有了空余时间，可以游览南京的诸多佛寺。

从南京到扬州，这年冬天，一场不期而至的相逢，让刘禹锡获得了意外惊喜。

前一年三月，白居易被授苏州刺史，五月初到任；这年秋季白居易因病卸任苏州刺史，准备走水路回洛阳述职，就这样与刘禹锡在扬州遇见了。

其实，刘禹锡和白居易之前并没怎么见过面，但同年出生，贬官经历相仿，诗文上有着相同追求，加上还有元稹这个共同的朋友，可说是神交已久。

当初刘禹锡被贬朗州，白居易尽管不属于永贞革新派，但对于刘禹锡等人的命运非常同情，还在长安任翰林学士的他，将自己的一百首诗寄给刘禹锡，以示慰藉。

这样一叠沉甸甸来自长安的诗稿，仿佛温暖的春风，吹拂到刘禹锡的心中，带给他莫大的安慰。

永贞革新失败，大家几乎成了过街老鼠，人人唯恐避之不及，平时没太多往来的白居易，却给困在文化荒漠的自己寄来厚重的诗稿，如何不让刘禹锡感动，为此他提笔回以一首诗歌《翰林白二十二学士见寄诗一百篇，因以答贶》，把白居易的文采夸得天上有地下无：

> 吟君遗我百篇诗，使我独坐形神驰。
> 玉琴清夜人不语，琪树春朝风正吹。
> 郢人斤斫无痕迹，仙人衣裳弃刀尺。
> 世人方内欲相寻，行尽四维无处觅。

乐天啊，你的诗文就像仙人不用刀尺裁剪出来的衣裳一样，毫无瑕疵。刘禹锡哪里是夸白居易，分明是夸白居易这种雪中送炭的情谊，仿佛是神仙送来的灵丹，治愈了暂时精神困顿的自己。

之后两人各自经历被贬谪生涯，难有见面的机会，但不妨碍彼此诗词唱和。比如刘禹锡在和州时，偶有倦怠之意，便作诗给白居易，顺便还抄录了一份给旧友崔群，《郡斋书怀寄江南白尹，兼简分司崔宾客》写道：

> 谩读图书三十车，年年为郡老天涯。
> 一生不得文章力，百口空为饱暖家。
> 绮季衣冠称鬓面，吴公政事副词华。
> 还思谢病吟归去，同醉城东桃李花。

白居易收到后，立马表示同意，也想着早日归乡当个田舍翁，给刘禹锡回诗一首，《答刘和州禹锡》写道：

> 换印虽频命未通，历阳湖上又秋风。
> 不教才展休明代，为罚诗争造化功。
> 我亦思归田舍下，君应厌卧郡斋中。
> 好相收拾为闲伴，年齿官班约略同。

不过，相比刘禹锡偶然流露出的归隐之意，白居易说退休是实打实行动起来，带着全家老小，想着回洛阳任个闲职独善其身。

这次在扬州，两位认识多年的好友，终于见面了，一场宴席，酒酣情浓，也许是感伤自身，也许是为好友的才华和这些年的遭遇鸣不平，白居易絮絮叨叨写下一首有些怨言的《醉赠刘二十八使君》：

> 为我引杯添酒饮，与君把箸击盘歌。
> 诗称国手徒为尔，命压人头不奈何。

举眼风光长寂寞，满朝官职独蹉跎。

亦知合被才名折，二十三年折太多。

白居易将刘禹锡的诗才奉为"国手"，发着牢骚说，知道你因为才名太高会遇到不幸，但二十三年的贬官生涯，未免也太漫长了吧。

没想到刘禹锡却反过来安慰热情的白居易，接过酒杯和笔，淡然写下千古名篇《酬乐天扬州初逢席上见赠》，宽慰对方不必为自己这些年的凄凉寂寞境遇忧心：

巴山楚水凄凉地，二十三年弃置身。

怀旧空吟闻笛赋，到乡翻似烂柯人。

沉舟侧畔千帆过，病树前头万木春。

今日听君歌一曲，暂凭杯酒长精神。

诗中的"闻笛赋"，指的是西晋向秀的《思旧赋》，当初向秀的好友嵇康和吕安因不满司马氏篡权，惨遭杀害。后来，向秀经过嵇康、吕安的故居，听到邻人吹笛，不由得悲从中来，写下《思旧赋》，追念友人。

刘禹锡在诗中提到这一典故，显然是在怀念那些已经与自己阴阳相隔的至交和战友。

清代沈德潜在《唐诗别裁集》中高度评价了刘禹锡这首诗，认为："'沉舟'二语，见人事不齐，造化亦无如之何。悟得此旨，终身无不平之心矣。"纵然造化弄人，无可奈何，但刘禹锡诗中没有愤懑不平之语，他依然是宽和开朗，保持着一颗乐观的心。

两个志同道合的"闲人"，借着难得的机会，一同登上栖灵塔，游览扬州名胜，诗词唱和，好不痛快。

栖灵塔高达九层，雄踞在扬州蜀冈大明寺内，塔内供奉着佛骨，始建于隋文帝仁寿元年（601 年），早年李白和高适都曾登塔题过诗。

刘禹锡和白居易，两个年过半百的小老头，半个月把扬州境内的塔和楼都爬了个遍，白居易一脸自信，半点不服老，说要珍惜这把筋骨力气，继续爬上栖灵塔第九层，《与梦得同登栖灵塔》写道：

> 半月悠悠在广陵，何楼何塔不同登。
> 共怜筋力犹堪在，上到栖灵第九层。

白居易诗中最后一句，借着说爬塔道出自己不愿随便退休，还想为国家奉献的意愿。

如果说在白居易的文字里，我们感受到的是两个不服输的老人形象，到了刘禹锡诗中，则成了两个携手共进，不在意旁人眼光的青壮年形象，《同乐天登栖灵寺塔》写道：

> 步步相携不觉难，九层云外倚栏干。
> 忽然笑语半天上，无限游人举眼看。

纵然塔高九层入云霄，但两个人一步步相互扶持而上，也不觉得有什么困难，登顶后倚着栏杆看风景，想到登塔的过程，不禁哈哈大笑，对于塔下的游人来说，仿佛是来自天上的笑声，引得游人抬头来看。

世人笑我太疯癫，我笑旁人看不穿，一个生性乐观，一个唤作"乐天"，两个脾气秉性相似的人，相伴而行，留下了太多欢乐记忆。

二十三年的贬谪生涯，无数人冷眼看他的笑话，无数人看他跌倒等着他哭出来，没想到白发染上了鬓角，刘禹锡还在云端高塔甩下一串爽朗的笑声，心里苦过、痛过、惆怅过，只是那些低落的情绪，都如同萦绕在高塔周围的云烟，随风飘散，只剩下一串笑声他挺直了背，昂起了头，挥笔题诗，怼天骂地，绝不给自己心里找不痛快，活得不易，却又活得洒脱。

正是因为这段游玩经历，两人感情迅速升温，为刘禹锡和白居易后来的洛阳养老打下了基础，可惜两人的共同好友元稹，在不远处任浙东观察使忙着兴修水利，无法同两位好友欢聚畅聊。

后来刘禹锡和白居易都在洛阳养老，如同这次的扬州聚会一样，刘禹锡以他倔强不服输的一面，积极地影响着白居易。

白居易感叹时光飞逝，年华已去，写诗向他抱怨，《咏老赠梦得》写道：

> 与君俱老也，自问老何如。眼涩夜先卧，头慵朝未梳。
> 有时扶杖出，尽日闭门居。懒照新磨镜，休看小字书。
> 情于故人重，迹共少年疏。唯是闲谈兴，相逢尚有余。

咱俩都老了，就不要再问老成什么样了。眼睛干涩天黑就睡觉，早上起床头发也懒得梳了。出门腿脚不便，干脆整日关在家里。也不是什么美男子了，镜子都懒得照，眼睛不好使小字的书通通不要看。只能闲着过一天是一天，没事聚一聚。

刘禹锡说话直白又中听，没有为了劝人连客观规律都不顾，他跟白居易说别为这些事情烦忧，《酬乐天咏老见示》写道：

> 人谁不顾老，老去有谁怜？身瘦带频减，发稀冠自偏。
> 废书缘惜眼，多灸为随年。经事还谙事，阅人如阅川。
> 细思皆幸矣，下此便翛然。莫道桑榆晚，为霞尚满天。

放眼这人世间，谁不会老呢？随着年龄增大，身体日渐消瘦，衣带越收越紧，头发掉得多，连帽子都戴不太住了。

爱惜眼睛不再看书，年迈体弱经常艾灸。但是呢，年纪大了，经历多见识广，仔细想想都是幸运啊，克服了对变老的忧虑就心情轻松了。不要说日落桑榆天色已晚，它的霞光依然可以映红满天。

表达欲旺盛的刘禹锡，极大激发了白居易的表达欲，因此在后来两人的往来中，我们会越来越多地看到两人的唱和之作。

扬州玩累了，两人又结伴到楚州（今江苏淮安），受到楚州刺史郭行余的盛情款待，除了游览当地古迹之外，又一起到楚州几家道观佛寺观赏。

唐人重咏物，刘禹锡与白居易游览楚州开元寺时，看到井边枸杞树枝繁叶茂，刘禹锡和诗一首《楚州开元寺北院枸杞临井繁茂可观群贤赋诗因以继和》：

> 僧房药树依寒井，井有香泉树有灵。
> 翠黛叶生笼石甃，殷红子熟照铜瓶。
> 枝繁本是仙人杖，根老新成瑞犬形。
> 上品功能甘露味，还知一勺可延龄。

因为郭行余的热情挽留，刘禹锡和白居易在楚州待了好一段时间，年底时，刘禹锡终于待不住想走了，拿《岁杪将发楚州呈乐天》提醒白居易，咱俩这对旅雁，该梳理下羽毛，准备北归迎接春天了：

> 楚泽雪初霁，楚城春欲归。
> 清淮变寒色，远树含清晖。
> 原野已多思，风霜潜减威。
> 与君同旅雁，北向刷毛衣。

白居易宽慰刘禹锡，出发时给刘禹锡写了一首《除日答梦得同发楚州》，表示我心里有数：

> 共作千里伴，俱为一郡回。
> 岁阴中路尽，乡思先春来。
> 山雪晚犹在，淮冰晴欲开。
> 归轺吟可作，休恋主人杯。

游山玩水几个月，两人终于恋恋不舍地坐上船，逆水而行，前往洛阳。小舟一路向西，经过大梁（今河南开封），恰好刘禹锡的好朋友令狐楚坐镇此处。

雪纷纷扬扬而下，按刘禹锡的性格，这趟与好友令狐楚难得相见，怎么也得借大雪封路当个借口，带着白居易一起饮酒赴宴。

但这次的行程却相当匆忙，刘禹锡只是和了令狐楚一首诗，便离开大梁出发去洛阳，《途次大梁雪中逢天平令狐相公书问兼示新什因思曩岁从此拜辞形于短篇以申仰谢》：

> 远守官情薄，故人书信来。
> 共曾花下别，今独雪中回。
> 纸尾得新什，眉头还暂开。
> 此时同雁鹜，池上一徘徊。

相聚时刻太过短暂，彼此眉间充满了离愁别绪。

其实这时候刘禹锡并不单是为即将到来的分别忧心，更是因为他同白居易出发前，京城发生了一件惊天动地的大事，他们在楚州游玩恋恋不舍时，只是暴风雨前的宁静，年底朝廷就变了天。

宝历二年（826 年）十二月，十八岁的唐敬宗夜里打猎回宫，被宦官刘克明和将军苏佐明谋害，刘克明等人伪造遗诏，胁迫唐宪宗李纯的第六个儿子绛王李悟入宫为帝，并使其在紫宸殿外召见宰相、百官。

而宦官另一派王守澄、梁守谦、杨承和、魏从简等四人，率兵入宫，杀死绛王，斩杀刘克明，裴度等大臣则拥立唐敬宗的弟弟李昂继位，这便是唐文宗。

对于这一宫廷政变，刘禹锡后来曾在《唐故中书侍郎平章事韦公集纪》有过简单概述："宝历季年，宫壸间一夕生变，人情大骇，虽鼎臣无所关决，惟内署得参焉。群议哄然，俟公一言而定。"

大唐的天空乌云密布，风雨飘摇，华丽的江山大厦，在狂风骤雨中愈发动荡，身在风暴之中的刘禹锡等人，命运仿佛漂荡的小舟，摇摇晃晃，但他们却始终撑着长篙，奋勇向前，甚至希冀能扶大厦之将倾。

长安浮沉

轻舟已过，刘禹锡抵达洛阳时，已是唐文宗大和元年（827年）春。

相比上一任不堪细说的唐敬宗，刚继位的唐文宗还打算励精图治，重整河山。刘禹锡的老朋友们诸如裴度、崔群等都纷纷被起用。这年三月末，一同前往洛阳的好友白居易，也被任命为三品秘书监，赐紫金鱼袋，命其赴长安任职，而自己还留在洛阳赋闲。

五十六岁的刘禹锡，在人生路上迷茫惆怅，不辨方向，《罢郡归洛阳闲居》写道：

> 十年江外守，旦夕有归心。
> 及此西还日，空成东武吟。
> 花间数盏酒，月下一张琴。
> 闻说功名事，依前惜寸阴。

连州，夔州，和州，二十三年光阴转瞬过，一直盼望着回京的机会，好不容易等到这一天，却依然被闲置，报国无望，徒然悲伤。

洛阳百花盛开，姹紫嫣红，好不美丽，花丛之中自斟自饮，月光下一人独奏，琴音悦耳，听起来非常悠闲自在。

若能轻易放下积极进取之心，甘于隐逸生活，那就不是我们熟悉的刘禹锡了。他念叨着，平时听大家谈论建功立业的事情，依然像从前一样珍惜光阴，不让岁月将自己的斗志磨灭掉。

这年秋天，韩泰从长安赴吴兴出任湖州刺史，路过洛阳，与刘禹锡相见。

久别重逢的二人，自然是百感交集，离别的宴席上刘禹锡写下《洛中逢韩七中丞之吴兴口号五首》给韩泰，感叹改革失败后共同的遭遇。

世界上哪有什么感同身受，不过是彼此的遭遇相同，互相慰藉共同的痛苦罢了。

这五首诗前三首写得有些悲凉，更带有一种今昔巨变的感伤，其中第一首是这样的：

> 昔年意气结群英，几度朝回一字行。
> 海北天南零落尽，两人相见洛阳城。

多年前意气风发的少年郎们，聚在一起，言笑晏晏，商议着家国大事，如今却天各一方，甚至阴阳相隔，谁能想到，两鬓斑白，亲友逝去，二王八司马，今日相聚的才两人？

然而就连这样的重逢，转眼也成离别，彼此的命运如同夜空中划过的星光，沿着各自的轨迹消逝，也许这辈子就像参星与商星，不复得见。

至于这些年的境遇，大家都心知肚明，每天都是强颜欢笑，在离别的酒桌上，更添了愁绪，"本欲醉中轻远别，不知翻引酒悲来"。

甚至重情的刘禹锡已经开始想象好友到湖州赴任后的场景，拱形的骆驼桥上微风拂过，鹦鹉杯里箬下酒醇香无比，这样山青水碧的好地方，没有知己，再多的美景，又能跟谁分享呢？

当然，刘禹锡不愧是刘禹锡，在短暂的伤感之后，立马调整情绪，宽慰好友，抛却这些苦闷之事，纵情山水，春光明媚之际，前往茶山体验一把采茶生活。

人生路程已经走了一大半，刘禹锡却依然是那个胸怀开阔、昂首阔步的人，过往的痛苦，如同天上的云朵，从他身边飘散而去，给周围人留下一串爽朗的笑声。

大和二年（828 年），刘禹锡终于被任命为主客郎中，得以返回长安。唐人以京官为重，刘禹锡被贬这么多年，再度回到长安，心境同上一次截然不同。

这一年，他已经五十七岁了。

历经两次被贬出京城，重新见到帝都的春色，山水风貌不变，周围的人事早已更迭，想到过去种种，他感慨写下一首《初至长安》：

> 左迁凡二纪，重见帝城春。
> 老大归朝客，平安出岭人。
> 每行经旧处，却想似前身。
> 不改南山色，其馀事事新。

回望长安风光，故人已不多，就连政敌也不见许多，甚至唐宪宗也早已不在。

或许是怀念过去，这年春天，刘禹锡重游玄都观，各种滋味涌上心头，他写下《再游玄都观绝句》：

百亩庭中半是苔，桃花净尽菜花开。

种桃道士归何处？前度刘郎今又来。

担任屯田员外郎时，观内还没有花木；十年后回到京城，旁人说道士亲手种植仙桃，桃花绽放，云蒸霞蔚，自己因诗获罪，被逐出京，而如今再来到玄都观，那曾让他被贬谪的桃花早已谢去，曾经灿若红霞的美景已不可见，甚至都没有一棵桃树，只剩下菟葵、燕麦在春风中摇曳。

斗转星移，树木葱郁，时间就在这样的无常中悄然流逝，天上挂着的还是同一轮月亮，道观的草木只是换了种姿态存在，一切似乎都没有太大变化，一切却又跟过去截然不同。

当年曾经借机惩戒自己的政敌早已不在朝野，以为差点客死异乡的自己，年过半百居然还有机会回到长安。

只是长安城里，昔日的政敌们已不见踪迹，曾秉烛夜话、饮酒谈心的朋友，大多去了另一个世界。对于刘禹锡来说，熬到对手都不在是一种福气，但失去挚友却是另一种痛。

"前度刘郎今又来"，那份压抑不住的兴奋，仿佛又让人看到一个倔强不羁的少年形象，谁会在意原来他已经是个快六十岁的老头呢？

一时风传京师，朝廷敏感的神经再次被触动，刘禹锡被授以礼部集贤殿学士这样的闲职。

尽管是闲职，但至少回到了京城，比起过去的境遇，还是要好一些。因此一旦自己的仕途获得喘息，刘禹锡立刻就想到还在远处受苦的朋友——仍在湖州任刺史的韩泰。

刘禹锡借着"文武常参官上后三日举一人自代"的机会，举荐韩泰，帮他调回京城，这才有了这首《蒙恩转仪曹郎依前充集贤学士举韩湖州自代因寄七言》：

翔鸾阙下谢恩初，通籍由来在石渠。

暂入南宫判祥瑞，还归内殿阅图书。

故人犹在三江外，同病凡经二纪余。

今日荐君嗟久滞，不唯文体似相如。

自己蒙恩回京，掌刊辑经籍，做文书工作，老朋友还远在江南，自永贞革新之后，大家同病相怜，各自在外漂泊了二十余年，多希望朋友也能回来。

诚如刘禹锡在诗中所写，推荐韩泰回京并不单单是因为他的才华，更是两人这种遭遇贬谪二十多年的飘零命运。

自己身在偏僻州郡时，四处写信求情，希望旁人能施以援手，一旦自己的处境稍微得到改善，便马上想到为朋友做点力所能及的事，刘禹锡就是这样一个关心朋友、热心至极的人。

没有公务劳累，又可以与好友裴度、白居易经常相聚，因此刘禹锡的日常显得悠闲惬意，一同饮酒赏花，作诗联句。

看似舒适，其实对于刘禹锡而言，反倒不太适应。为此他在《杏园花下酬乐天见赠》一诗流露出这种自嘲心态：

二十馀年作逐臣，归来还见曲江春。

游人莫笑白头醉，老醉花间有几人？

二十多年来总是被放逐，如今老了回来还能看到长安曲江的春天。你们别笑我这白发老头喝醉了，像我这样老了还能醉倒花间的人有几个？

渴望济世安邦，却始终得不到重用，刘禹锡的心情可想而知。唯一能安慰他的，估计只有天涯海角的朋友们。

远在郓州（今山东菏泽）的令狐楚，因为刘禹锡回京后一直得不到提拔深感遗憾，寄信安慰他，《寄礼部刘郎中》写道：

> 一别三年在上京，仙垣终日选群英。
>
> 除书每下皆先看，唯有刘郎无姓名。

纵然相隔千山万水，彼此守望相助的情谊却半点不减。

此时朝中的政治空气，并没有轻松到哪里去，长达四十年的牛李党争，才进展到一半。

两派之争，可以追溯到唐宪宗元和三年（808 年），朝廷正举行直言极谏科制举考试，牛僧孺和李宗闵在考卷中批评朝政，被考官推荐给唐宪宗。

然而这却引发了宰相李吉甫的猜忌和不满，为此，他觐见宪宗，污蔑牛僧孺和李宗闵两人同考官有私人关系，唐宪宗便将几个考官降职，牛僧孺和李宗闵也没得到提拔。

大臣们替这些人叫屈，认为李吉甫嫉贤妒能，眼看着舆论不断扩大，唐宪宗只能将李吉甫贬为淮南节度使，平息众怒，却为后来牛李党争埋下伏笔，"自是德裕、宗闵各分朋党，更相倾轧，垂四十年"。

此时朝中牛党不占优势。刘禹锡回到长安的第二年三月，好友令狐楚，才刚回京就被任东都留守、东畿汝州都防御使，打发去洛阳。

元和十五年（820 年），唐穆宗上台，令狐楚受牵连被贬出京城，辗转多年才回长安，但还不到半年，又因为政治原因不得不于大和三年（829 年）离开京城。同样在外漂泊过多年的刘禹锡，显然非常能理解好友这种惆怅的心情。

令狐楚写下一首《赴东都别牡丹》：

> 十年不见小庭花，紫萼临开又别家。

上马出门回首望，何时更得到京华。

长安以紫色牡丹花为贵，而令狐楚家的牡丹花，在长安尤为有名。阔别十年都没见到家中小院的牡丹开花，庭院里的紫色花朵即将绽放，自己却又要离家而去。

上马出了家门，还不忘频频回头，不知这一别又要什么时候才能回到长安，充满了无可奈何之意。

其实令狐楚这首诗，也呼应了刘禹锡的《送浑大夫赴丰州》：

凤衔新诏降恩华，又见旌旗出浑家。
故吏来辞辛属国，精兵愿逐李轻车。
毡裘君长迎风惧，锦领酋豪蹋雪衔。
其奈明年好春日，无人唤看牡丹花。

前一年冬天，刘禹锡为好友浑镐送行，诗句前面一大部分在称颂出身世家的浑镐，镇守一方立下军功，最后一句却委婉含蓄地点出，来年春日，无法与朋友相约看花的依依不舍之情。

因此，令狐楚的牡丹诗，一方面是在感伤自己的仕途波折，另一方面也为好友刘禹锡叹息，盼望着能一同留在长安，致力实务，诗歌唱和。

好友的心境，刘禹锡如何不懂，联想到自己这些年的官宦沉浮，感慨万分，替令狐楚打抱不平，和以一首《和令狐相公别牡丹》：

平章宅里一栏花，临到开时不在家。
莫道两京非远别，春明门外即天涯。

宋人谢枋得在笺注这首诗时说："春明门即长安东城门也……大臣

位尊名盛，朝承恩、暮岭海，祸福不可必。一出东城门，去君侧渐远，万一有奸邪柔佞欺负之人，造谣诽谤，荧惑上听，宠辱转移，特顷刻间，欲入朝辩明不可得矣！"天高路远，担心小人造谣诽谤，因此唐人出京为官的凄凉心境就不难理解了。

诗中刘禹锡以长安城的春明门指代都城，吐槽说春天来了，宰相家的牡丹花快开了，主人却偏偏不在家。不要说长安与洛阳相距不算遥远，出了京城便是天涯。

长安至洛阳近七百里，沿途二十七个驿站，对于唐朝的官员来说，从京城外放，基本上心情不会好到哪里去。

刘禹锡写下这首牡丹诗，不难看出其中的不满之意，当初在朗州十年后回到京城，自己也像今日的令狐楚一般，没待几个月就被打发出京，偌大的长安城，剩下的知交好友越来越少。

想到好友远行，心中已经感伤不已，但他还是打起精神宽慰对方，同白居易一起为令狐楚饯行，写下这首《同乐天送令狐相公赴东都留守》：

> 尚书剑履出明光，居守旌旗赴洛阳。
> 世上功名兼将相，人间声价是文章。
> 衙门晓辟分天仗，宾幕初开辟省郎。
> 从发坡头向东望，春风处处有甘棠。

诗中刘禹锡引用了《诗经》中《甘棠》这首诗的典故。周文王的儿子召伯，因封地被称为召公。召公勤政爱民，每到一处，都来不及休息，坐在路边的树下就开始处理政务，后世以甘棠或召公棠来歌颂官吏治理有方。刘禹锡说好友此番前去洛阳，也会如召伯一般，待民如子，政绩卓越。

同一时期，好友王建也要离京赴任陕州（今河南三门峡）司马，刘禹锡在官道上为其饯行，赋诗《送王司马之陕州》：

> 暂辍清斋出太常，空携诗卷赴甘棠。
> 府公既有朝中旧，司马应容酒后狂。
> 案牍来时唯署字，风烟入兴便成章。
> 两京大道多游客，每遇词人战一场。

王建擅写宫词，早年投笔从戎，有一些军旅题材的诗作，与白居易志趣相投，写过不少现实题材的乐府诗。在长安期间，与刘禹锡相处也非常默契。

同令狐楚和白居易的送别诗相比，这首写给王建的诗作豪气更为明显。

王建的仕途和刘禹锡一样，不太顺利，所以刘禹锡在诗中感叹王建赴任后，没有案牍劳形，有大把时间可以挥笔作诗。刚好陕州地处洛阳与长安之间的交通要塞，往来游人众多，文人墨客经过此处，都会以诗会友，甚至来个文战，这对于酷爱诗文创作的王建来说，也是一种激励。

受到刘禹锡这种旷达精神的感染，白居易为王建送行的两首诗，情绪明显有了转变。

这首《别陕州王司马》充满了分离时的不舍愁绪：

> 笙歌惆怅欲为别，风景阑珊初过春。
> 争得遣君诗不苦，黄河岸上白头人。

同样的离别之作《送陕州王司马建赴任》，却显得乐观豁达：

> 陕州司马去何如，养静资贫两有馀。
> 公事闲忙同少尹，料钱多少敌尚书。
> 只携美酒为行伴，唯作新诗趁下车。
> 自有铁牛无咏者，料君投刃必应虚。

同一年，好友李德裕改任兵部侍郎，原本裴度打算推荐他为宰相，却被吏部侍郎李宗闵抢先一步，以宦官的关系，抢先拜相成功，而李德裕也被外放为郑滑节度使（辖区今河南省北部）。

随着李宗闵的得势，裴度在朋党之争中也受到波及，在朝中备受排挤，大和四年（830年）九月，被调出长安。

在这之前，与刘禹锡唱和最频繁的白居易，早已选择急流勇退，离开了京城，回到洛阳履道坊。大和二年（828年），白居易的挚友兼政治靠山，韦处厚、孔戣、钱徽、崔植四人，在半个月内相继离世，这让处在党争中的白居易，心生倦意，写下两首和诗给元稹，说"争知寿命短复长，岂得营营心不止。请看韦孔与钱崔，半月之间四人死"。

第二年春天，白居易就因病改授与太子宾客分司，带着自己的家当，挥别刘禹锡和令狐楚这些朋友，准备回洛阳开始养老生活。

离别前，白居易给朋友们写了一首梯式诗《一字至七字诗》：

诗。

绮美，瑰奇。

明月夜，落花时。

能助欢笑，亦伤别离。

调清金石怨，吟苦鬼神悲。

天下只应我爱，世间唯有君知。

自从都尉别苏句，便到司空送白辞。

与白居易扬州相会，一路同游，登栖灵塔时，还是两个不服老，想回京有所作为的爽快老头，转眼对方就选择离开京城，回乡养老，刘禹锡更多的是不舍，只能回诗说距离不能阻隔友谊，《叹水别白二十二》写道：

> 水。
> 至清，尽美。
> 从一勺，至千里。
> 利人利物，时行时止。
> 道性净皆然，交情淡如此。
> 君游金谷堤上，我在石渠署里。
> 两心相忆似流波，潺湲日夜无穷已。

原本与朋友们联句赋诗，热闹快乐，然而团聚的日子还没几天，就得一个接一个送朋友们离开，孤身在京城，压抑的政治环境，让刘禹锡自感长安无法久待。面对朝中党争的激烈和无奈，刘禹锡写下《与歌者米嘉荣》，讽刺现实：

> 唱得《凉州》意外声，旧人唯数米嘉荣。
> 近来时世轻先辈，好染髭须事后生。

据记载，诗中《凉州》是曲调名，原本是凉州（今甘肃武威一带）民歌，当初在宫廷中演出时，引起不少争议，因此能演奏曲调不寻常的《凉州》，说明歌者米嘉荣也不一般。

而"旧人"一词则说明这一曲调的过时，作为最能演唱这首曲子的米嘉荣，自然也免不了面临冷落的命运。

因此，刘禹锡以略带嘲讽的口吻说，如今的世道，不太看重前辈了，所以米嘉荣你还是把胡子染黑，去讨好伺候那些后辈吧。

与其说刘禹锡是在替米嘉荣不值，倒不如说是在替自己和好友裴度鸣不平。朝中新秀颇多，牛党中不少人都得到重用，自己的好友裴度却遭到排挤，不得不接受外放的安排，如何不叫他感到激愤？

所以与其说诗中是劝米嘉荣把白胡子染黑，不如说是在借机骂那些忙着搞派系站队，顾着加剧党争的人，是要将朝中一潭水搅浑。

亲友的远离，让刘禹锡倍感孤独，大和三年（829 年）夏秋间的一个夜晚，明月皎洁，清辉洒在城中，如同皑皑白雪，刘禹锡开始想念他的朋友们，白居易在洛阳，元稹在越州（今浙江绍兴），因此写下这首《月夜忆乐天兼寄微之》给两人：

> 今宵帝城月，一望雪相似。
>
> 遥想洛阳城，清光正如此。
>
> 知君当此夕，亦望镜湖水。
>
> 展转相忆心，月明千万里。

镜湖即绍兴鉴湖，早年李白曾在《越女词五首·其五》中写："镜湖水如月，耶溪女似雪。"

冷浸溶溶月，想来洛阳城今晚也是明月高悬，元稹在越州，已经是任浙东观察使的第七个年头，也可以看看月光一般的镜湖水。那份思念朋友的心意，如同这明朗的月光一般，相距千里也能看见。

哪怕我们相隔千万里，依然可以共赏一轮明月，孤寂的月夜，刘禹锡也未能免俗。

空间的距离，加上清冷的月光，为刘禹锡这首温柔的诗蒙上了一层淡淡的伤感。仕途不如意，他又无法做出雪夜访戴的不羁之举，在夜深人静的时刻，对朋友们的思念自然较平时更盛。

刘禹锡的这种孤独感，白居易感受到了，他回以一首《酬集贤刘郎中对月见寄，兼怀元浙东》安慰对方：

> 月在洛阳天，天高净如水。
> 下有白头人，揽衣中夜起。
> 思远镜亭上，光深书殿里。
> 眇然三处心，相去各千里。

梦得啊，洛阳月亮高且净，你的思念我已经收到了。月光带着思念来敲门，趁着月色起身，白头如我，也就剩你们这些朋友了。你们一个在镜湖边亭中，一个在集贤院，我们仨虽相隔千里，心意却始终相通。

这种孤独久了，刘禹锡开始想办法自我调节。毕竟自己在朝中最大的靠山——数次拉自己一把的裴度，也在外放中，于是心境灰暗的刘禹锡上疏请求改去洛阳，毕竟令狐楚、白居易等好友都在那里，自己不至于太过孤单。

苏州相会

这份外放洛阳的请求却没被批准。

一纸诏书，把刘禹锡派去了苏州。

还好，从长安南下，一路往东，还可以见到阔别许久的朋友们。

刘禹锡先是抵达河中府（今山西永济蒲州镇），遇到了十年未见的李程。

当年刘禹锡替李程写文章悼念柳宗元，后来去夔州，与李程在武昌相聚，作诗惜别，分别十年，这次的重逢，更让两人唏嘘不已。

李程照旧热情地接待了刘禹锡，刘禹锡写下这首《冬夜宴河中李相公中堂命筝歌送酒》：

> 朗朗鹍鸡弦，华堂夜多思。
> 帘外雪已深，坐中人半醉。
> 翠娥发清响，曲尽有馀意。
> 酌我莫忧狂，老来无逸气。

随后刘禹锡告别李程，又途经洛阳，见到了白居易和崔群。因天气原因，冰雪阻塞，南下道路不通，刘禹锡在这里逗留了半个月，白居易设宴款待，与刘禹锡每天把酒谈心，吟诗作对，极尽人生畅快之事。"冰雪塞路，自秦徂吴。仆方守三川，得为东道主。阁下为仆税驾十五日，朝觞夕咏，颇极平生之欢，各赋数篇，视草而别。"

此前，两人在长安时合著数百首诗，题为《刘白唱和集》卷上、下。这次洛阳十五天相聚，两人更是诗兴大发，创作欲望大大激发，刘禹锡奔赴苏州后，两人一来一往也是诗赋不减。

白居易认为"得隽之句，警策之篇，多因彼唱此和中得之"，便将之前的诗作，和这段时期的作品整理起来，重新合编成上、中、下三本《刘白吴洛寄和卷》。

即便相聚再欢乐，分别再不舍，刘禹锡还是得收拾行囊前往苏州。

乐观的白居易也会多愁善感，借着酒劲给崔群和刘禹锡寄去自己的《耳顺吟寄敦诗梦得》：

> 三十四十五欲牵，七十八十百病缠。
> 五十六十却不恶，恬淡清净心安然。
> 已过爱贪声利后，犹在病羸昏耄前。
> 未无筋力寻山水，尚有心情听管弦。
> 闲开新酒尝数盏，醉忆旧诗吟一篇。

> 敦诗梦得且相劝，不用嫌他耳顺年。

洛阳聚会，分别之际，刘禹锡回以一首《和乐天耳顺吟兼寄敦诗》：

> 吟君新什慰蹉跎，屈指同登耳顺科。
> 邓禹功成三纪事，孔融书就八年多。
> 已经将相谁能尔？抛却丞郎争奈何？
> 独恨长洲数千里，且随鱼鸟泛烟波。

诗中刘禹锡将两位老友夸了一番，先是说吟诵白居易的新作，聊以慰藉，算来白居易和自己同岁，自己却蹉跎大半生。又夸崔群有东汉邓禹那样能记入史书的卓越功劳，有孔融那样能影响后世的诗作才华，已然位列将相，谁还比得上这样的成就？

最后刘禹锡不舍地感慨，只可惜苏州与洛阳相距几千里，这样饮酒赋诗的美好时光太过短暂，自己只能与游鱼飞鸟相伴，独自泛舟在这烟波浩渺的江上。

三人同年，崔群仕途平顺，曾位至宰相，白居易蒙冤被贬江州司马时，崔群还为其上下奔走，几年后助他脱离了困境。

因此刘禹锡的和诗，不但是安慰感叹年老病弱的白居易，更是与同龄的崔群相互打气，以两人过去的成就和才华鼓舞对方。

到了分别这一天，洛阳下起了大雪，雪花纷飞中，白居易在洛阳东郊的福先寺为刘禹锡饯行。

福先寺原本是武则天为母亲杨氏所立的太原寺，武则天继位后，在天授二年（691年）改名为大福先寺，后来裴度曾重修过这座寺庙，白居易冒着大雪选这里送别刘禹锡，也是用了一番心思。

席间白居易留诗《福先寺雪中饯刘苏州》，纪念这次分别：

送君何处展离筵，大梵王宫大雪天。
庾岭梅花落歌管，谢家柳絮扑金田。
乱从纨袖交加舞，醉入篮舆取次眠。
却笑召邹兼访戴，只持空酒驾空船。

金田，又称金地，代指佛寺。白居易这首诗围绕雪天设宴，用了很多典故，比如"谢家柳絮""召邹""访戴"。

《世说新语》中说谢安在雪天把家人聚集在一起，给子侄们讲诗论文。忽然下起大雪，雪势很大，谢安随口问这纷纷扬扬的白雪像什么呢？侄子谢朗说："与把盐撒向空中差不多。"侄女谢道韫却开口说："不如比作风吹柳絮满天飞舞。"白居易诗中的"谢家柳絮"指这场雪下得又急又大。

"召邹"则是指梁孝王梁园置酒的典故。梁园又称兔园，当初梁孝王设宴，召请了邹阳、枚乘、司马相如等名流一起聚会饮酒。天忽然下起了雪，梁王即兴吟诵，并让司马相如为文作赋，记录这次游园盛会。后来失意的李白游览古梁园的遗迹，激愤之下，对酒高歌，在墙上题写了一首《梁园吟》，高呼"东山高卧时起来，欲济苍生未应晚"。

"访戴"的故事传播度比较高，王羲之的儿子王子猷，某个雪夜醒来，想起老朋友戴安道，便从绍兴连夜乘舟去剡州拜访。小舟走了一晚上，天亮时终于到了对方家门口，王子猷却掉头回去了，"乘兴而行，兴尽而返"，大概坐了一晚上船，终于困了可以回家睡回笼觉。

同样的天气，白居易在席上自问自答，朋友啊，我该在哪里设宴为你送别呢？不如就在大雪天的佛寺宫殿里吧。

驿道上梅花盛放，吹落在歌管上，外面雪花如絮，在佛寺飞舞。宴席上舞袖翩翩，我反而更加惆怅，只想趁醉进轿子里尽情睡去。

微醺如我，还嘲笑梁园设宴，雪夜访戴，一个空置了酒，一个白驾了船，倒不如我在这里设宴与朋友刘梦得一起，畅快自在。

看到好友的诗，刘禹锡也兴致大发，回以一首《福先寺雪中酬别乐天》：

> 龙门宾客会龙宫，东去旌旗驻上东。
> 二八笙歌云幕下，三千世界雪花中。
> 离堂未暗排红烛，别曲含凄飏晚风。
> 才子从今一分散，便将诗咏向吴侬。

看今日的美景，以云做幕，笙歌演奏，三千世界雪花飞舞，何其壮美。今天只是小分别，来日乐天你的诗句可以寄往苏州，我们依旧友情不减。

但千里赠诗哪有相聚唱和快活，趁着醉意，白居易又吟诵了一首，盛情挽留刘禹锡，《醉中重留梦得》写道：

> 刘郎刘郎莫先起，苏台苏台隔云水。
> 酒盏来从一百分，马头去便三千里。

白居易感情一上头，便热情过度，反倒是刘禹锡一如既往冷静又客观，《醉答乐天》写道：

> 洛城洛城何日归？故人故人今转稀。
> 莫嗟雪里暂时别，终拟云间相逐飞。

何日能回洛阳？旧友如今越来越少。朋友啊，不要为我们雪地里短暂的分别感伤，最终我们也会像这飞雪一般，在云间快乐飞舞。

面对朋友的依依不舍，刘禹锡借苏州的文化名人，以及白居易对苏州的感情来冲淡别离的伤感，《赴苏州酬别乐天》写道：

> 吴郡鱼书下紫宸，长安厩吏送朱轮。
> 二南风化承遗爱，八咏声名躡后尘。
> 梁氏夫妻为寄客，陆家兄弟是州民。
> 江城春日追游处，共忆东都旧主人。

西汉朱买臣被任命为会稽太守，长安厩吏乘着四匹马驾的车来迎接，送去任职。汉代的会稽，辖区在唐代归苏州。

南朝梁开国功臣沈约曾任东阳太守，作八诗题于元畅楼，后人更名为八咏楼。

梁氏夫妇，指的是举案齐眉的梁鸿和孟光夫妇。梁鸿博览群书，与妻子曾隐居霸陵山中，靠耕种、织布为生。后来到了吴郡，寄居在大户人家皋伯通家的廊下，受雇为人舂米。

陆家兄弟，是说西晋有名的文学家陆云、陆机两兄弟，两人都是吴郡人。

乐天啊，请不要为我担忧，我即将去的苏州是个好地方。当初，任命的旨意下达，驿站的管理员驾着马车送朱买臣去赴任，百姓都热情盼望着贤明的官员到达。苏州人文底蕴丰富，延续着《周南》《召南》的淳朴诗风，又有沈约八咏题诗的文化氛围，曾经品格高尚、才华横溢的梁鸿夫妇在这里安家，陆云、陆机两兄弟更是出生于此。等我春天到任，可以与大家一起怀念你这个在洛阳的前任长官。

早些年白居易曾先后在杭州和苏州担任刺史，任满离开时，苏州百姓十里相送，白居易自己在诗里感念百姓的追随，"青紫行将吏，班白列黎氓。一时临水拜，十里随舟行"。所以远赴苏州任职，对于刘禹锡来说，提前建立了一份熟悉感。

在刘禹锡的安慰下，白居易也有了兴致，调侃刘禹锡到任后，可以游览姑苏美景，吟诗作对，《送刘郎中赴任苏州》：

> 仁风膏雨去随轮，胜境欢游到逐身。
> 水驿路穿儿店月，花船棹入女湖春。
> 宣城独咏窗中岫，柳恽单题汀上蘋。
> 何似姑苏诗太守，吟诗相继有三人。

当初刘禹锡刚接到苏州刺史任命时，曾写诗给白居易，《白舍人曹长寄新诗，有游宴之盛，因以戏酬》，调侃说苏州刺史都擅长写诗，之前是白居易，现在又轮到自己去赴任：

> 苏州刺史例能诗，西掖今来替左司。
> 二八城门开道路，五千兵马引旌旗。
> 水通山寺笙歌去，骑过虹桥剑戟随。
> 若共吴王斗百草，不如应是欠西施。

还没到苏州，刘禹锡就已经对苏州的状况有了很深的了解，在诗中为我们勾勒了一幅苏州水陆繁盛的画面。苏州建城时开阊、胥、盘、蛇、娄、匠、平、齐八座城门，乘船而行，一路笙歌，穿桥而过，通向山寺，少了拾级而上的烦恼，有着水乡特有的浪漫。

借着刘禹锡之前的玩笑，白居易也语调轻松，说韦应物、自己和刘禹锡都做了苏州刺史，相继吟诗也是巧了。

朋友多了也会有烦恼。与白居易是情深意切的友谊，但也有场面上不得不往来的应酬。比如裴度和李德裕的政敌李逢吉，时任东都留守，也在洛阳设宴为刘禹锡接风。

刘禹锡写下这首诗名比诗少不了几个字的《将赴苏州，途出洛阳，留守李相公累申宴饯，宠行话旧形于篇章，谨抒下情以申仰谢》：

> 岁杪风物动，雪余宫苑晴。

> 兔园宾客至，金谷管弦声。
> 洛水故人别，吴宫新燕迎。
> 越郎忧不浅，怀袖有琼英。

瞿蜕园对此诗的评价不高，认为"观诗题措语之谦谨，知其交情不深也"。

等到刘禹锡就任苏州时，还有人根据他刚直的性格，衍生了一段刘禹锡与朋友断交的故事。

写过《悯农》的李绅，经过苏州，因为仰慕刘禹锡的才名，便邀请刘禹锡赴宴。宴会非常豪奢，李绅还安排了舞女作陪，一派歌舞升平的景象，然而苏州百姓此刻还面临着巨大的水灾，对此，刘禹锡感到异常悲愤，写下这首《赠李司空妓》：

> 高髻云鬟宫样妆，春风一曲杜韦娘。
> 司空见惯浑闲事，断尽苏州刺史肠。

但一来，与刘禹锡同龄的李绅并没有做过司空；二来，李绅参加过白居易倡导的新乐府运动，与刘禹锡的关系也挺好。

后来开成三年（838 年）冬天，洛阳又下起了大雪，这时已经相伴养老的刘禹锡和白居易，在宴席上喝酒谈天，非常惬意，刘禹锡突然想到还在汴州（今开封）任职的李绅，寄诗给对方，《和乐天洛下雪中宴集寄汴州李尚书》写道：

> 洛城无事足杯盘，风雪相和岁欲阑。
> 树上因依见寒乌，座中收拾尽闲官。
> 笙歌要请频何爽，笑语忘机拙更欢。
> 遥想兔园今日会，琼林满眼映旗竿。

《赠李司空妓》全诗看起来与诗中主角"李司空"不太熟的样子，而且今天把对方的盛情款待骂个狗血淋头，几年后就眼巴巴地写信欢迎对方来喝酒写诗，怎么想都不太对劲。

再来看《赠李司空妓》背后的故事来源，有两处。一处是争议颇大的《云溪友议》，里面除了凭空编造一段薛涛和元稹的绯闻，还有刘禹锡这首酒中题诗出处的杜撰：

> 中山公（指刘禹锡）谓诸宾友曰："昔赴吴台，扬州大司马杜公鸿渐为余开宴。沉醉归驿亭，似醒见二女子在旁，惊非我有也。乃曰：'郎中席上与司空诗，特令二乐伎侍寝。'且醉中之作，都不记忆。明旦，修状启陈谢，杜公亦优容之，何施面目也。余郎署州牧，轻忤三司，岂不难也。诗曰：'高髻云鬟宫样妆，春风一曲杜韦娘。司空见惯寻常事，断尽苏州刺史肠。'"

书中称扬州大司马杜鸿渐设宴款待刘禹锡，但实际上杜鸿渐在大历四年（769年）就已经去世了，那时刘禹锡还没出生，只怕是赴不了这个约。

另一处则是孟棨的《本事诗》：

> 刘尚书禹锡罢和州，为主客郎中、集贤学士。李司空罢镇在京，慕刘名，尝邀至第中，厚设饮馔。酒酣，命妙妓歌以送之。刘于席上赋诗曰："鬓髻梳头宫样妆，春风一曲杜韦娘。司空见惯浑闲事，断尽江南刺史肠。"李因以妓赠之。

刘禹锡和州刺史任满，由洛阳回到长安。刚好李司空也在京城，设宴邀请刘禹锡。书中提到的诗句从"断尽苏州刺史肠"变成了"断尽江南刺史肠"。

但实际上，长庆四年（824年）到开成五年（840年），李绅一直在京外任职，不存在回京盛宴邀请刘禹锡的情况。

而且这两则出处，都没有点出司空的名字，只是到了宋代的《太平广记》里，引用《本事诗》，并说"李司空"就是"李绅"。

尽管白居易在饯行中劝说刘禹锡到苏州可以尽览美景，看看寺庙逛逛古桥，安心做个闲官，但从上面刘禹锡的《赠李司空妓》来看，他依然有着造福一方的想法。隐逸不问世事，则要等到他自己真正养老的时候。

白居易每次在诗中劝他：梦得啊，咱们都老了，喝喝酒看看花，安心享受生活吧！此时，刘禹锡都会一脸认真地回复：乐天啊，虽然我们年纪大了，但依然可以像冬青树一样，严寒不凋零，至于隐士般的生活，等到退休再说吧！《赠乐天》写道：

> 一别旧游尽，相逢俱涕零。
> 在人虽晚达，于树似冬青。
> 痛饮连宵醉，狂吟满坐听。
> 终期抛印绶，共占少微星。

尤其是到苏州上任后，刘禹锡又写诗给白居易《乐天寄重和晚达冬青一篇，因成再答》，足以看出他那一颗"老骥伏枥，志在千里"的决心：

> 风云变化饶年少，光景蹉跎属老夫。
> 秋隼得时凌汗漫，寒龟饮气受泥涂。
> 东隅有失谁能免？北叟之言岂便诬？
> 振臂犹堪呼一掷，争知掌下不成卢？

彼时与刘禹锡亲近的李德裕等人都算李党，在朝中争斗中处于下风，刘禹锡便在诗中以塞翁失马的典故，宽慰朋友们失意只是一时。

即便偏居一隅，刘禹锡依然不忘奋起，难怪清代何焯会赞叹刘禹锡"梦得生平可谓知进不知退矣"。

刘禹锡就任苏州刺史时，恰好碰上苏州特大水灾。根据《旧唐书》的记载，这年二月，"戊寅，苏、湖二州水，赈米二十二万石。以本州常平义仓斛斗给"。为此，刘禹锡顾不上欣赏苏州风景，火速投身赈灾前线。

刘禹锡写奏疏，请求朝廷开仓赈济饥民，获得十二万石大米，顺利分发给灾民。此外，他还宣布免除赋税徭役，减轻了苏州百姓的负担，为后面苏州能快速恢复生产赢得长远发展奠定了基础。

这一过程，都被撰写在了《苏州谢赈赐表》中：

> 伏奉去年二月十五日敕，苏州宣赐米一十二万石，委刺史据户均给者。恩降九天，泽流万姓。伏以臣当州去年灾沴尤甚，水潦虽退，流庸尚多。臣前月到任，奉宣圣旨，阖境老幼，无不涕零。询访里闾，备知凋瘵，方具事实，便欲奏论。圣慈忧人，照烛幽远，特有振恤，救其灾荒。苍生荷再造之恩，俭岁同有年之庆。臣忝为长吏，倍万常情，无任感激抃跃之至。

因这次救灾有功，刘禹锡被赐以紫金鱼袋。三十多岁坠入人生低谷，奔波半生，自己的努力终于被看见，对于刘禹锡而言，是一种难能可贵的认可。

听到积极进取的老友受到肯定，白居易当然为他高兴，想着为他摆酒庆祝，并赶忙寄来贺诗《喜刘苏州恩赐金紫，遥想贺宴，以诗庆之》：

> 海内姑苏太守贤，恩加章绶岂徒然。
> 贺宾喜色欺杯酒，醉妓欢声过管弦。

> 鱼佩茸鳞光照地，鹊衔瑞带势冲天。
> 莫嫌鬓上些些白，金紫由来称长年。

白居易懂得刘禹锡的心思，直夸他年纪大了才得紫金鱼袋没什么，还能再接再厉，继续为朝廷增砖添瓦，老了还能做出更多功绩。

刘禹锡很开心，给白居易回以《酬乐天见贻贺金紫之什》：

> 久学文章含白凤，却因政事赐金鱼。
> 郡人未识闻谣咏，天子知名与诏书。
> 珍重贺诗呈锦绣，愿言归计并园庐。
> 旧来词客多无位，金紫同游谁得如？

《晋书》中写罗含"少有志尚，尝昼卧，梦一鸟文彩异常，飞入口中，因惊起说之。朱氏曰：'鸟有文彩，汝后必有文章。'自此后藻思日新"。

刘禹锡对于自己的文学才华，一直是充满自信，因政事被授紫金鱼袋，他虽然表面调侃是无心之举，其实内心激动不已。

而到了《苏州谢恩赐加章服表》，刘禹锡则显得冷静了许多：

伏奉去年十一月二十七日诏书，加臣赐紫金鱼袋馀如故者。恩降重霄，荣沾陋质。虚黩陟明之典，恐兴彼己之诗。宠过若惊，喜深生惧。臣起自书生，业文入仕。德宗朝为御史，以孤直在台；顺宗朝为郎官，以缘累出省。宪宗皇帝，后知其冤，特降敕书，追赴京国。缘有虚称，恐居清班，务进者争先，上封者潜毁。巧言易信，孤愤难中。俄复一麾，外转三郡。伏遇陛下，膺期御宇，大振滞淹，哀臣宿旧，猥见收拾，职兼书殿，官忝仪曹。微劳未宣，薄命多故，又离省署，重领郡符。延英面辞，亲承教诲，衔命即路，星言载驰。到任之初，便逢灾疫，奉宣圣泽，恭守诏条，上禀睿谋，下求人瘼。才术虽短，忧劳则深，幸免流离，渐

臻完复。皆承圣化所及，遂使人心获安。岂由微臣，薄劣能致！臣素之
亲党，家本孤贫。年衰无酒色之娱，性拙无博奕之艺。自领大郡，又逢
时灾，昼夜苦心，寝食忘味。曾经诬毁，每事防虞；唯托神明，更无媒援。
岂期片善，上达宸聪，回日月之重光，烛江湘之下国。丝纶褒异，苦节
既彰；印绶炜煌，老容如少。望云天而拜舞，岂尽丹诚；视环玦以徘徊，
空嗟白首。无任感激屏营之至。

他追忆了唐顺宗和唐宪宗时期自己的仕途，感叹"视环玦以徘徊，
空嗟白首"。

比起朝廷的官方嘉奖，或许民间百姓的纪念显得更加有意义。鉴于
韦应物、白居易、刘禹锡三位苏州刺史在任期政绩显著，苏州百姓将其
合称为"苏州三贤"，修建"三贤堂"以示纪念。

比起在夔州与和州，刘禹锡留下关于苏州的诗词不算太多，或许和
忙于处理灾情有关。

但苏州之于刘禹锡，还是有不一样的情感。

这天刘禹锡游览虎丘，不经意看到亡友元稹两年前的题诗，当时元
稹任浙东观察使期满，改任尚书左丞，回京复命时路过苏州，题诗虎丘
寺（已佚）。

然而太和五年（831年）七月，元稹死于武昌军节度使任上，同年
秋季刘禹锡接到苏州刺史的任命，如今看到这些字句，想到两人已阴阳
相隔，刘禹锡不由得悲从中来，咏诗《虎丘寺见元相公二年前题名怆然
有咏》：

> 泸水送君君不还，见君题字虎丘山。
> 因知早贵兼才子，不得多时在世间。

好友作古，这些年仕途起落相随，眼看着好不容易肃清吏治，做出

政绩，却又被排挤去了武昌，见诗思人，刘禹锡不禁发出杜甫一样"文章憎命达"的感慨。

远在四川任检校兵部尚书、剑南西川节度使的李德裕，在《忆金门旧游奉寄江西沈大夫》悼念昔日的好友元稹：

其一

东望沧溟路几重，无因白首更相逢。
已悲泉下双琪树，又惜天边一卧龙。

其二

人事升沉才十载，宦游漂泊过千峰。
思君远寄西山药，岁暮相期向赤松。

作为好友，李德裕自然知道刘禹锡和元稹的交情，便将诗也寄给了刘禹锡，收信后刘禹锡同样伤感不已，写下和诗《西川李尚书知愚与元武昌有旧远示二篇吟之泫然因以继和二首》：

其一

如何赠琴日，已是绝弦时。
无复双金报，空余挂剑悲。

其二

宝匣从此闲，朱弦谁复调？
只应随玉树，同向土中销！

"绝弦"指善于欣赏琴音的钟子期死后，知音伯牙便破琴绝弦，自此不再鼓琴，悼念亡友。

"挂剑"出自春秋时期，延陵季子佩带宝剑拜访徐国国君，对方很欣赏他的宝剑，季子在心里答应送给他，只是碍于出使任务没有献剑，等他从晋国回来，徐国国君却已死在楚国。于是，季子便将宝剑解下挂在对方墓边树上，以示悼念。

伯牙"绝弦"和季子"挂剑"，诗中这两个典故一方面是说元稹文武双绝，另一方面也是哀叹知音已逝。"朱弦谁复调"更流露出这种挚友远去的孤独。

在苏州这几年，刘禹锡不断收到朋友们离世的噩耗。

先是在长安得知元稹猝死，与他相识三十多年的白居易，"一恸之后，万感交怀"，痛苦诘问："然以我尔之身，为终天之别，既往者已矣，未死者如何？"生死相隔，自己如何过下去？

就在元稹离世后第二年，崔群去世。

白居易在《祭崔相公文》中说"百身莫赎，一梦不还"，纵使拿一百个我，也无法换回一个你，足见其感情深厚。

为此，想到元稹、崔群两人的共同好友刘禹锡，白居易寄去一首悲恸之诗，《寄刘苏州》写道：

> 去年八月哭微之，今年八月哭敦诗。
> 何堪老泪交流日，多是秋风摇落时。
> 泣罢几回深自念，情来一倍苦相思。
> 同年同病同心事，除却苏州更是谁。

后来刘禹锡在《乐天示过敦诗旧宅有感一篇吟之泫然追想昔事因成继和以寄苦怀》曾自注，说崔群和自己还有白居易六十岁的时候，相约要一起在洛阳养老。谁知道来苏州前的洛阳相会，原来是永别。

因此无论是崔群的离世，还是白居易充满泪水的诗作，刘禹锡都能感受到这种命运捉弄下的无奈和痛苦。

但死者长已矣，白居易这样伤心过度很容易伤身，因此刘禹锡的和诗显得冷静得多，比起已经永远失去的朋友，刘禹锡更加在意还活着的老友，他想努力安慰白居易。

既然白居易"同年同病同心事"来哭诉两人可以共同感受失去挚友的悲伤，那么刘禹锡也通过相同的失意人生，来怀念白居易，《酬乐天见寄》写道：

> 元君后辈先零落，崔相同年不少留。
> 华屋坐来能几日？夜台归去便千秋。
> 背时犹自居三品，得老终须卜一丘。
> 若使吾徒还早达，亦应箫鼓入松楸。

元稹比咱俩要年轻，却先一步离世，崔群和咱俩同龄，也没能留下。纵然两人做到宰相这样的高官，也没荣耀几天，一入黄泉倒是永远也回不来。

我虽然贬官多年，但还是得以位居三品，等到老了要为自己寻一处土丘下葬。倘若我俩早早显贵发达，或许也能伴着箫鼓声长眠于地下。

又过了一年，崔玄亮辞世。

崔玄亮与白居易同年进士，早年还未发达时，就同刘禹锡相识，两人感情笃厚。

除了唱和，两人还有文学创作上的探讨。崔玄亮任湖州刺史时，刘禹锡在《酬湖州崔郎中见寄》中提到对方诗风的转变，从司马相如一样的浮华文辞，转变为陶渊明这样恬淡清雅的诗风，诗词创作上更上一层楼。

> 风筝吟秋空，不肖指爪声。
> 高人灵府间，律吕伴咸英。

> 昔年与兄游，文似马长卿。
> 今来寄新诗，乃类陶渊明。
> 磨砻老益智，吟咏闲弥精。
> 岂非山水乡，荡漾神机清。
> 渚烟蕙兰动，溪雨虹蜕生。
> 冯君虚上舍，待余乘兴行。

和这首诗差不多时期的，还有这首《奉酬湖州崔郎中见寄五韵》：

> 山阳昔相遇，灼灼晨葩鲜。
> 同游翰墨场，和乐埙篪然。
> 一落名宦途，浩如乘风船。
> 行当衰暮日，卧理淮海壖。
> 犹期谢病后，共乐桑榆年。

诗中回忆了两人的相遇和结识，仿佛还是早上刚刚发生的事情。当初大家一起诗词唱和，奏乐相伴。刘禹锡感慨人生仿佛已日薄西山，盼望着对方好好休息，来日一起告老还乡。

崔玄亮同白居易的感情也很好，他最爱诗、琴、酒三样，还曾把爱琴送给白居易，又给刘禹锡寄去自己关于这三样癖好的诗，刘禹锡称赞他"其词逸而高"，《湖州崔郎中曹长寄三癖诗自言癖在诗与琴酒……四韵以谢之》：

> 视事画屏中，自称三癖翁。
> 管弦泛春渚，旌旆拂晴虹。
> 酒对青山月，琴韵白蘋风。
> 会书团扇上，知君文字工。

　　青山对明月，泛舟江边，对酒当歌，抚琴论诗，刘禹锡勾勒出一个潇洒飘逸的崔玄亮形象。

　　崔玄亮没有留下什么诗词，在白居易悼念崔玄亮的文章中，引入了崔玄亮《临终诗》："暂荣暂悴石敲火，即空即色眼生花。许时为客今归去，大历元年是我家。"足见其洒脱自得，恬然自安。

　　白居易奏响琴弦，想起崔玄亮，长歌痛哭"吾道自此孤"。

　　只是再潇洒的人生态度，也阻挡不了亲友去世后的悲伤。白居易接连写下《祭崔常侍文》《唐故虢州刺史赠礼部尚书崔公墓志铭》等来悼念故友。

　　在崔玄亮之前，白居易已失去了不少挚友，过度的悲痛，对于白居易老迈虚弱的身体来说，相当影响健康。

　　后来刘禹锡死后，白居易在《感旧并序》中说李建、元稹、崔玄亮、刘禹锡四人是自己的知心好友："故李侍郎杓直，长庆元年春薨。元相公微之，大和六年秋薨。崔侍郎晦叔，大和七年夏薨。刘尚书梦得，会昌二年秋薨。四君子，予之执友也。"

　　可以说，崔玄亮的离世，对于白居易的打击相当大。此时此刻，能让自己倾吐心中痛苦悲伤之情的，也只有远在苏州的刘禹锡。

　　三年失去三个挚友，白居易在《微之、敦诗、晦叔相次长逝，岿然自伤，因成二绝》中哭诉，泪水沾满衣衫：

> 并失鹓鸾侣，空留麋鹿身。
> 只应嵩洛下，长作独游人。
> 长夜君先去，残年我几何？
> 秋风满衫泪，泉下故人多。

　　"泉下故人多"，听起来太过伤怀，让人感到作诗之人的求生意志也没那么强烈。闻讯的刘禹锡，对白居易的情绪和身体状况非常担忧，写下这首《乐天见示伤微之、敦诗、晦叔三君子，皆有深分，因成是诗以寄》加以劝慰：

> 吟君叹逝双绝句，使我伤怀奏短歌。
> 世上空惊故人少，集中唯觉祭文多。
> 芳林新叶催陈叶，流水前波让后波。
> 万古到今同此恨，闻琴泪尽欲如何！

林中的新叶簇生，总会催换旧叶，流水前波总会让位给后波。自古至今人人都有哀悼亡友的憾事，然而即便是为亡友流尽眼泪，又能如何呢？这些客观存在的规律，不会因我们的意志而发生改变，与其消沉低落下去，不如打起精神来，珍惜现在的每一天。

"芳林新叶催陈叶，流水前波让后波"，同刘禹锡之前的《酬乐天扬州初逢席上见赠》中"沉舟侧畔千帆过，病树前头万木春"一样，成为千古名句，展现了刘禹锡带有辩证意味的哲学思想。

在刘禹锡的安慰下，白居易打起精神，恢复他的乐观心性，两人一直保持着频繁的诗词相和，通过诗句，写下彼此的生活日常，经历了与好友们的死别，两人的友情变得更加深厚。

任职期间，刘禹锡同白居易的往来更加密切，诗文切磋也更为频繁。刘禹锡的一些诗作中，用典相应减少，用词更贴近白居易浅显易懂的白话，因此这九首由唐教坊曲改编，填词的《杨柳枝词》，不像之前刘禹锡在夔州时期所作的《踏歌词》《竹枝词》那样充满浓郁的当地特色。

为此，清代王士祯在《师友诗传录》中直接指出了《竹枝词》与《杨柳枝词》的区别在于："《竹枝》泛咏风土，《柳枝》专咏杨柳，此其异也。"

> 塞北梅花羌笛吹，淮南桂树小山词。

请君莫奏前朝曲，听唱新翻杨柳枝。

南陌东城春早时，相逢何处不依依。
桃红李白皆夸好，须得垂杨相发挥。

凤阙轻遮翡翠帏，龙池遥望鞠尘丝。
御沟春水相晖映，狂杀长安少年儿。

金谷园中莺乱飞，铜驼陌上好风吹。
城东桃李须史尽，争似垂杨无限时。

花萼楼前初种时，美人楼上斗腰支。
如今抛掷长街里，露叶如啼欲恨谁？

炀帝行宫汴水滨，数株残柳不胜春。
晚来风起花如雪，飞入宫墙不见人。

御陌青门拂地垂，千条金缕万条丝。
如今绾作同心结，将赠行人知不知？

城外春风吹酒旗，行人挥袂日西时。
长安陌上无穷树，唯有垂杨管别离。

轻盈袅娜占年华，舞榭妆楼处处遮。
春尽絮飞留不得，随风好去落谁家？

刘禹锡这组诗，围绕"杨柳"这一形象，勾勒了数幅优美图画。

第一首统领全篇，可说是整组诗的序曲，其中"请君莫奏前朝曲，听唱新翻杨柳枝"一联，应该是这九首诗中传唱度最高的诗句，情绪积极，推陈出新，凸显了刘禹锡在文学创作上精益求精的态度。

《杨柳枝词》过往都是用五言诗体，但从刘禹锡和白居易等人开始，都用七言形式写就，从诗体上来看，就与过往不一样了。

关于《杨柳枝词》，白居易也有同题组诗八首，与刘禹锡唱和，第一首也与刘禹锡有着相同的感情基调：

> 六么水调家家唱，白雪梅花处处吹。
> 古歌旧曲君休听，听取新翻杨柳枝。

在苏州任职的刘禹锡，更多时候感受到的是独处带来的幽思。江南水乡的柔美，为他狂放的诗句里，注入了一丝清冷，比如这首《发苏州后登武丘寺望海楼》：

> 独宿望海楼，夜深珍木冷。
> 僧房已闭户，山月方出岭。
> 碧池涵剑彩，宝刹摇星影。
> 却忆郡斋中，虚眠此时景。

独自夜宿虎丘望海楼，夜深人静的时候，郁郁葱葱的树木，吹过阵阵冷风。山寺僧舍的大门已关闭，明月才施施然从山岭中升起，波光粼粼的池水中映照着利剑的光彩，寺庙星光跃动。万籁俱寂，清辉月影，只有我一个人还在这里。

大和八年（834年）七月，刘禹锡在苏州任满，奉命被调往河南汝州任刺史。

对于待过三年的姑苏城，刘禹锡充满眷恋，留下《别苏州二首》：

其一

三载为吴郡，临岐祖帐开。

虽非谢桀黠，且为一裴回。

其二

流水阊门外，秋风吹柳条。

从来送客处，今日自魂销。

在苏州的时间不算长，但对于刘禹锡来说，却是一处特别的所在。面临离别时他感慨，过去都是他在送别朋友，如今自己却成了"客"，不免徘徊惆怅。

第七章　前度刘郎今又来

同州请命

被调去汝州，刘禹锡心里还有一丝开心。一来因为祖籍洛阳与汝州相距不远，二来老友白居易也在洛阳。为此他在《汝州上后谢宰相状》中说："忽蒙天恩，稍移近郡。家本荥上，籍占洛阳，病辞江干，老见乡树。荣感之至，实倍常情。"

从苏州去汝州，又是走水路，从扬子津出发，想到离家越来越近，刘禹锡自然心怀期待，写下《罢郡姑苏北归渡扬子津》：

> 几岁悲南国，今朝赋北征。归心渡江勇，病体得秋轻。
> 海阔石门小，城高粉堞明。金山旧游寺，过岸听钟声。

在扬州刘禹锡遇到了老相识——牛僧孺。牛僧孺设宴款待刘禹锡，把酒言欢，倒是为两人解开了一桩陈年心结。

早年牛僧孺参加科举考试，屡次不中，便试着向刘禹锡行卷。唐代礼部考试不糊名，应试者在考试前把诗文写成卷轴，投给当时在朝廷和文坛都有地位的显贵，对方可以参与决定最后名单的名次。

按刘禹锡被贬朗州前的声誉和政治地位，作为后辈的牛僧孺，两次向他行卷。只不过刘禹锡当时心高气傲，看了对方的诗文后，随意涂抹，说还不够好，这对于牛僧孺来说，无疑是一种羞辱。后来牛僧孺中举，心里一直对刘禹锡有所介怀。

相隔三十余年，借着这次宴席，牛僧孺以《席上赠汝州刘中丞》一诗提醒刘禹锡：

> 粉署为郎四十春，今来名辈更无人。
> 休论世上升沉事，且斗樽前见在身。
> 珠玉会应成咳唾，山川犹觉露精神。
> 莫嫌恃酒轻言语，曾把文章谒后尘。

你在尚书省指点江山已经过去四十多年了，如今能与你齐名的没几个。看看你当年看不上的毛头小子我，现在与你已经身份对调，仕途大不相同，留着好身体喝点酒准备养老吧。

别怪我借着微醺的酒意说了不中听的话，全怪你当年有眼无珠，害我还把文章给你这个"后尘"，期待被指点。

这哪里是阴阳怪气，分明是设下鸿门宴把刘禹锡骂了一顿。古人的礼数真是周全，骂人还得先好酒好菜款待一番，酒酣耳热之际再写诗影射一番。

牛僧孺的诗放到眼前，刘禹锡才突然想起从前的事情，不由得有些后悔，和诗一首《酬淮南牛相公述旧见贻》：

> 少年曾忝汉庭臣，晚岁空馀老病身。
> 初见相如成赋日，寻为丞相扫门人。
> 追思往事咨嗟久，喜奉清光笑语频。
> 犹有登朝旧冠冕，待公三入拂埃尘。

"丞相扫门人"的典故源自西汉的魏勃。魏勃少年时，想求见齐相曹参，然而苦于没钱打点，只能在曹参舍人门外扫地，最终得到舍人的引荐，见到了曹参，后来以"魏勃扫门"指求谒权贵。

既然到了对方的主场，加上现在朝中牛李党争白热化，在京外任刺史的他，自然不可能立马掀桌子走人，更何况这件事，当时确实是自己的做法欠妥，因此他不得不服软。

他回应牛僧孺，当年自己年少成名，有幸在朝中任职，可惜到老一事无成还一身伤病。当年不懂欣赏你如同司马相如一般的精彩文章，如今落得个下等小官。

追忆往事，想到这些年，不禁无限感慨。还好有这些陈年旧案，可以当个玩笑来逗乐一把，博君一笑。

不过你要真是心里记恨，不如等以后重回宰相之位，上任后再将我这个小人物像尘埃一样拂去。

尽管向对方说了软话，但刘禹锡的脾气依然不改当年，有种大不了"仰天大笑出门去"的洒脱。

牛僧孺自然不会再多加为难刘禹锡，更何况他对当年这件事的介意，更像是初出茅庐，却被文坛大佬否定的不甘，所以后来两人还在洛阳成了诗友。

《云溪友议》根据这两首诗，特地衍生了一段故事，说刘禹锡后来对晚辈子弟讲起，是为了告诫他们，不要学自己。

> 刘公承诗意，方悟往年改牛公文卷。因诫子弟咸元、承雍等曰："吾立成人之志，岂料为非！况汉上尚书，高识达量，罕有其比。昔主父偃家为孙弘所夷，嵇叔夜身死钟会之口。是以魏武诫其子云：'吾大忿怒（于）小过失，慎勿学焉。'汝辈修进守忠为上也。"

按刘禹锡的为人处世来看，恐怕不会这样悔悟，更何况晚年他对牛僧孺也没作诗冷嘲热讽。

告别牛僧孺，刘禹锡继续一路往东去往汝州，抵达浚县，碰上了时任汴州刺史、宣武军节度使李程。

似乎每次碰上李程，刘禹锡都会在伤感中灵感如泉涌，这次他又留诗一首《将赴汝州，途出浚下，留辞李相公》：

> 长安旧游四十载，鄂渚一别十四年。
> 后来富贵已零落，岁寒松柏犹依然。
> 初逢贞元尚文主，云阙天池共翔舞。
> 相看却数六朝臣，屈指如今无四五。
> 夷门天下之咽喉，昔时往往生疮疣。
> 联翩旧相来镇压，四海吐纳皆通流。
> 久别凡经几多事，何由说得平生意？
> 千思万虑尽如空，一笑一言真可贵。
> 世间何事最殷勤，白头将相逢故人。
> 功成名遂会归老，请向东山为近邻。

长安相识四十年，鄂州一别，也已经过去十四年，你我历经六朝皇帝，再看这满朝的文武百官，像我们这样的老人还有几个呢？等我们老了，一起做邻居相约养老吧。

这些年京外为官的漂泊，让刘禹锡的心境始终处于一种矛盾状态，一方面他盼着可以振臂高呼，有所作为；一方面又厌倦官场，想着告老还乡，同友人们把酒言欢，诗词唱和。

因此，每次在奔赴新就任的辖区前，碰上认识多年的朋友，他都会时不时在诗中流露出一种等我们老了，就一起相伴养老的情绪。

"晚岁当为邻舍翁"，一个个许下的诺言，随着挚友们的相继离世，都成了永远无法兑现的伤痛。

大和八年（834年）十一月，李德裕改任镇海军节度、浙江西道观察使，从长安赴任，途经汝州，与刘禹锡相聚。

临别时，刘禹锡一路送到临泉驿，李德裕向刘禹锡索诗，刘禹锡便写了一首《奉送浙西李仆射相公赴镇》，希望对方不要忘了自己这个渴望回京的老朋友：

> 建节东行是旧游，欢声喜气满吴州。
> 郡人重得黄丞相，童子争迎郭细侯。
> 诏下初辞温室树，梦中先到景阳楼。
> 自怜不识平津阁，遥望旌旗汝水头。

平津阁，汉武帝时丞相公孙弘受封平津侯，开东阁招纳天下贤士，后世以平津阁指代官僚延纳宾客的处所。

这首送别诗，说到底还是刘禹锡给李德裕戴高帽，刘禹锡连用两个名人做例子，把李德裕比作黄霸和郭伋，说是李德裕赴任后，当地人争着迎接这样贤明的地方官。

而"遥望"二字，表露了刘禹锡的真实想法。老朋友啊，你要是回去当宰相，可别忘了带上我，我还在遥远的地方等你召唤呢。

然而刘禹锡的弦外之音，就他后来的官运来看，李德裕是假装没听懂。

送走李德裕没多久，大和九年（835年）十一月，刘禹锡被改任同州（今陕西大荔）刺史。

其实，刘禹锡这趟任命是代替白居易去的。这年九月，白居易被任命为同州刺史，但白居易因病推辞，十月被授太子少傅分司东都，刘禹锡被改授同州刺史，兼御史中丞，充本州防御、长春宫等使。

接到同州刺史诏命时，白居易以身体原因推辞，作《诏授同州刺史，病不赴任，因咏所怀》：

> 同州慵不去，此意复谁知。
> 诚爱俸钱厚，其如身力衰。

可怜病判案，何似醉吟诗。
劳逸悬相远，行藏决不疑。
徒烦人劝谏，只合自寻思。
白发来无限，青山去有期。
野心惟怕闹，家口莫愁饥。
卖却新昌宅，聊充送老资。

得到改授太子少傅分司的诏令后，白居易更是喜不自胜，不禁在诗中道出心声，《从同州刺史改授太子少傅分司》写道：

承华东署三分务，履道西池七过春。
歌酒优游聊卒岁，园林萧洒可终身。
留侯爵秩诚虚贵，疏受生涯未苦贫。
月俸百千官二品，朝廷雇我作闲人。

回洛阳养老，每天在自家园林里宴饮写诗，做个闲官，还赚朝廷的俸禄。

可以说，此时的白居易，完全没了从前的雄心壮志，一门心思想着独善其身，安稳度日。

始终像斗士一样，想着回长安干一番事业的刘禹锡，却截然不同。在奔赴同州的中途，刘禹锡经过洛阳，免不了要与老朋友裴度、白居易、李绅相聚畅聊一番。

在接到任命时，刘禹锡回白居易一首《酬喜相遇同州与乐天替代》：

旧托松心契，新交竹使符。
行年同甲子，筋力羡丁夫。

别后诗成帙，携来酒满壶。

今朝停五马，不独为罗敷。

　　既然白居易已经想着当个闲人，那么刘禹锡便将重建战友情的对象换成了裴度。因为哪怕远离长安，他的心还在朝中，见到自己的政治靠山裴度，他想着对方或许可以重新回到权力中心，顺便把自己也捎带回去。

　　这次洛阳相逢，他给裴度写下《两何如诗谢裴令公赠别二首》：

其一

一言一顾重，

重何如？

今日陪游清洛苑，

昔年别入承明庐。

其二

一东一西别，

别何如？

终期大冶再熔炼，

愿托扶摇翔碧虚。

　　承明庐，原本是指汉代承明殿的旁屋，是侍臣值宿所居，"入承明庐"显然就是提醒老朋友裴度，别忘了当年你在朝中挥斥方遒的样子，等你改天重回京城，也别忘了我这个今天陪你一起游玩的落魄朋友。

　　刘禹锡的第二首则从侧面提醒，变成正面祝愿，希望裴度重新回到权力中心，扶摇直上，顺便带着自己一同再建立一番功绩。

　　此时此刻的刘禹锡，似乎忘了自己的年纪，"愿托扶摇翔碧虚"，仿佛自己还是刚入仕途的少年郎，借着东风，可以任意翱翔。只要朋友呼唤，只要朝廷需要，自己便义不容辞，重回殿上，再度叱咤风云。

只可惜并非人人都像刘禹锡一样，胸怀壮志，经历了这些年仕途起落和两党之争的裴度，已然厌倦了官场，在同白居易、刘禹锡、李绅的《刘二十八自汝赴左冯途经洛中相见联句》，他明确点出了自己接下来的人生方向："不归丹掖去，铜竹漫云云。唯喜因过我，须知未贺君。"

什么功名利禄，什么王权富贵，都是过眼云烟，不如做个闲官，优哉游哉，终此一生，也是不错。

只可惜刘禹锡并不理解，他一心向前，在联句中还不忘写下豪言壮语："上谟尊右掖，全略静东军。万顷徒称量，沧溟讵有垠。"

当局者迷，还没等刘禹锡十二月抵达同州，朝中就发生了一场惊心动魄的政变。

大和九年（835年），眼看宦官势力愈发变大，唐文宗同宰相李训密谋，准备将其一网打尽。

十一月，唐文宗在紫宸殿设宴，百官列位。左金吾卫大将军韩约不按规定报告平安，反而前来禀告，说有士兵在左金吾衙门后院石榴树上发现有甘露降临，百官恭贺是吉兆。李训劝说唐文宗前去观看，唐文宗顺水推舟同意。

等唐文宗等人出了紫宸殿，到达含元殿，命李训等人前去查看，李训去后回来禀告，说甘露是假的，不可贸然向全国宣布。唐文宗半信半疑，便派左、右神策军护军中尉仇士良、鱼弘志前去查看。

其实这不过是唐文宗的计谋，为了将宦官势力骗入殿中，一举消灭。只可惜，仇士良进入后院就发现不对，逃了出来，而被唐文宗安排用来清君侧的王璠临阵退缩，带来的援兵没有及时出现，最终这场筹谋许久的计划宣告失败。

更可怕的是，随后仇士良带着神策军冲回紫宸殿，打着"讨伐贼党"的旗号屠杀朝官，甚至没有参与谋划的宰相王涯也落得横尸街头，血流成河，史称"甘露之变"。

至于策划政变的唐文宗，则遭到软禁，自此朝政都由宦官把持。

唐文宗不是没有发奋的时候，"出宫人三千，省教坊乐工、翰林伎术冗员千二百七十人，纵五坊鹰犬，停贡纂组雕镂、金筐宝饰床榻"，然而一场"甘露之变"，将他打回笼中。

据记载，开成四年（839 年），唐文宗在召见翰林学士周墀时，将自己同周赧王、汉献帝这样的末代君主相比，流着泪说其他两人是受制于强臣，自己则受制于家奴，还不如对方。

有治国之心，无变天之力，又识人不明，大概是对唐文宗最精准的概括。

这场血腥的宫廷政变，预示着大唐的江山愈发接近日暮，云谲波诡的朝局，也印证了裴度之前的政治远见。

听闻故人王涯无辜蒙难，白居易独游香山寺，作《九年十一月二十一日感事而作》怀念：

> 祸福茫茫不可期，大都早退似先知。
> 当君白首同归日，是我青山独往时。
> 顾索素琴应不暇，忆牵黄犬定难追。
> 麒麟作脯龙为醢，何似泥中曳尾龟。

比起庆幸自己安居洛阳，躲过一劫的白居易，刚到同州赴任的刘禹锡，对此却没有太多回应。

刘禹锡有一首写于这一时期的《有感》，无论是从题目，还是诗歌的内容，相对他早年的锋芒毕露，都显得隐晦许多：

> 死且不自觉，其余安可论。
> 昨宵凤池客，今日雀罗门。

> 骑吏尘未息，铭旌风已翻。
>
> 平生红粉爱，惟解哭黄昏。

过去涉及藩镇势力和宦官群体的诗文，他都义正词严，非常高调。这首诗却一反常态，大概这一时期，也是刘禹锡内心倍加挣扎的一段时间。

他渴望回到长安，但朝中的复杂局势，以及宦官把持朝政的现状，让他心灰意冷。纠结之下，他只能选择先做好眼前的事情，治理好同州。

相比白居易的自保，刘禹锡的矛盾，与之形成鲜明对比的是李商隐的同题之作：

其一

> 丹陛犹敷奏，彤庭欻战争。
>
> 临危对卢植，始悔用庞萌。
>
> 御仗收前殿，兵徒剧背城。
>
> 苍黄五色棒，掩遏一阳生。

其二

> 古有清君侧，今非乏老成。
>
> 素心虽未易，此举太无名。
>
> 谁瞑衔冤目，宁吞欲绝声。
>
> 近闻开寿宴，不废用咸英。

二十三岁的李商隐，诗作还没后来那样曲折难解，前一首直接点出了唐文宗围剿宦官势力的失败过程，后一首情感更是直白，"谁瞑衔冤目，宁吞欲绝声"，道尽了夺权未成后的屈辱和愤怒，以及对亡者的无限悲伤。

这样天不怕地不怕的李商隐，情绪直白高亢，还对自己的仕途有着期望。谁会想到，之后他会因为党派斗争漂泊四处，一生郁郁不得志，诗作文采富丽，情感厚重却晦暗不明，政治追求上走上了与刘禹锡截然不同的方向。

刚到同州的刘禹锡，开始投身于对当地的了解中。同州连年旱灾，比起当初突发水灾的苏州，好不了多少。为此，上任后的刘禹锡，撰写《同州谢上表》奏明灾情：

> 伏以本州四年已来，连遭旱损。闾阎凋瘵，远近共知。臣顷任苏州之年，亦遭大水之后。……今本部灾荒，物力困凋。忝为长吏，敢不竭诚？即须条疏，续具闻奏。

在后来的《谢恩赐粟麦表》可以得知，针对灾情后百姓的状况，刘禹锡向朝廷申请粮食，得到六万石大米，分发给百姓，帮助大家度过眼前的灾害。

此外，刘禹锡又请求免除同州下一年的夏青苗钱和其他征敛，为同州争取恢复生产的时间：

> 伏奉今月一日制书，以臣当州连年歉旱，特放开成元年夏青苗钱并赐斛斗六万石，仰长吏逐急济用，不得非时量有抽敛于百姓者。恩降九天，泽周万姓，优诏才下，群情顿安。臣某诚欢诚喜顿首顿首。伏以灾沴流行，阴阳常数，物力既竭，人心匪遑。辄敢奏闻，本求贷借。皇恩广被，玄造曲成。既免在田之征，仍颁发廪之赐。臣谨宣赦文节目，彰示兆人。鼓舞欢谣，自中徂外。臣初到所部，便遇俭时，今蒙圣慈，特有赈恤。主恩及物，已为寿域之人；众意感天，必有丰年之应。臣恪居官业，不获拜舞阙庭，无任感激。

经历这些年的辗转，"甘露之变"也让刘禹锡对朝廷的变化感到心灰意冷，因此开成元年（836年）秋季，刘禹锡以足疾向朝廷上表辞官，后授太子宾客分司东都等职，正式以正三品的闲职，回洛阳养老。

这一年，刘禹锡已经六十五岁了。

洛阳诗圈

刘禹锡回洛阳，最高兴的是白居易。

闻讯第一时间，白居易便寄来《喜梦得自冯翊归洛，兼呈令公》一诗，还不忘抄送养老搭档令狐楚，恭喜刘禹锡退休，归洛阳养老：

> 上客新从左辅回，高阳兴助洛阳才。
> 已将四海声名去，又占三春风景来。
> 甲子等头怜共老，文章故手莫相猜。
> 邹枚未用争诗酒，且饮梁王贺喜杯。

隋唐时曾改同州为冯翊郡，因此诗题说刘禹锡"自冯翊归洛"。还没踏上路程，就已经受到老朋友的热情欢迎，刘禹锡也是非常兴奋，开始畅想今后大家诗词唱和的美好生活，回以一首《自左冯归洛下酬乐天兼呈裴令公》，呼朋引伴，还不忘叫上老友裴度：

> 新恩通籍在龙楼，分务神都近旧丘。
> 自有园公紫芝侣，仍追少傅赤松游。
> 华林霜叶红霞晚，伊水晴光碧玉秋。
> 更接东山文酒会，始知江左未风流。

比起白居易，刘禹锡较晚辞官，大概是出于经济考虑。

当初白居易搬去洛阳，从田氏手里买了故散骑常侍杨凭（柳宗元的岳父）在履道坊的宅园。五十多岁的他，将平生所有都用来装点自己在洛阳的宅园。杭州收获的天竺石、华亭鹤，苏州攒下的太湖石、白莲、折腰菱，全都运回了洛阳履道坊。

自家的豪宅装修好后，白居易便开始宴请朋友，每天的日常不要太让人羡慕。"每至池风春，池月秋，水香莲开之旦，露清鹤唳之夕，拂杨石，举陈酒，援崔琴，弹《秋思》，颓然自适，不知其他。酒酣琴罢，又命乐童登中岛亭，合奏《霓裳散序》，声随风飘，或凝或散，悠扬于竹烟波月之际者久之。曲未竟，而乐天陶然石上矣。"

唐代养鹤之风盛行，文人雅士都以养鹤为乐，白居易更是喜欢。白居易任秘书监时，将白鹤养在洛阳的宅第，回家时，第一时间就是问自己的鹤怎么样。

远在千里之外的刘禹锡，对老友的这一爱好相当了解，特地写了《鹤叹二首》送给白居易：

其一

寂寞一双鹤，主人在西京。

故巢吴苑树，深院洛阳城。

徐引竹间步，远含云外情。

谁怜好风月，邻舍夜吹笙。

其二

丹顶宜承日，霜翎不染泥。

爱池能久立，看月未成栖。

一院春草长，三山归路迷。

主人朝谒早，贪养汝南鸡。

后来两人的共同好友裴度，听说白居易养了双鹤，便寄诗《白二十二侍郎有双鹤留在洛下，予西园多野水长松，可以栖息，遂以诗请之》给白居易，想讨要这对双鹤：

> 闻君有双鹤，羁旅洛城东。
> 未放归仙去，何如乞老翁。
> 且将临野水，莫闭在樊笼。
> 好是长鸣处，西园白露中。

乐天啊，听说你有两只鹤留在洛阳，不如送给我放养，不然养在笼中，没了自由。

白居易也是大方，把双鹤送给裴度，还写了《送鹤与裴相临别赠诗》，以开玩笑的口吻劝自家的双鹤好自为之，去富贵裴家好好生活，就别回来啦：

> 司空爱尔尔须知，不信听吟送鹤诗。
> 羽翮势高宁惜别，稻粱恩厚莫愁饥。
> 夜栖少共鸡争树，晓浴先饶凤占池。
> 稳上青云勿回顾，的应胜在白家时。

听闻这事后，刘禹锡跑来凑热闹，分别写了两首诗，《和裴相公寄白侍郎求双鹤》《和乐天送鹤上裴相公别鹤之作》，与两人唱和，为老朋友们的雅好助兴。

此外，刘禹锡为了避免白居易送鹤后失落，还特地从千里外的苏州给白居易寄去一只华亭鹤。

对于裴度，刘禹锡则是祝贺他得双鹤，今后可以在自家园林看白鹤起舞：

> 皎皎华亭鹤，来随太守船。
> 青云意长在，沧海别经年。
> 留滞清洛苑，裴回明月天。
> 何如凤池上，双舞入祥烟。

对于白居易，在应酬之外，刘禹锡的和诗更多了一丝共勉之意：

> 昨日看成送鹤诗，高笼提出白云司。
> 朱门乍入应迷路，玉树容栖莫拣枝。
> 双舞庭中花落处，数声池上月明时。
> 三山碧海不归去，且向人间呈羽仪。

昨天刚看到乐天写的送鹤诗，今天他就提着笼子出门，乐天的鹤养在裴度家，应该相当放心。刘禹锡也是和白居易一样的心思，白鹤去了裴度家，刚入豪宅可能会迷路，不过不用怕，随便找个地方栖息一下，熟悉环境后，就可以在裴府月下起舞，与花相伴，明月白鹤，仙气飘飘。

诗中刘禹锡还不忘抒发一下自己的感慨。哪怕蓬莱、方丈、瀛洲三山和碧海都很美好，但白鹤也不要远去世外仙境，暂且留在人间展现自己的仙姿逸态。与其说是歌咏白鹤，倒不如说是劝解自己和老友，不要耽于现状，还是要打起精神，做一番实事。

相比白居易的宅院，裴度构筑于洛阳集贤里的绿野堂，同样耗费了一番心思。"沼石林丛，岑缭幽胜。午桥作别墅，具燠馆凉台，号'绿野堂'，激波其下。"

因裴度一生的仕途和结局，"绿野堂"后来成了功成身退的隐居代称。当初宅院初成，刘禹锡和了一首《奉和裴令公新成绿野堂即书》，盛赞园中美景，也歌颂裴度毕生淡泊名利、功成身退的人生态度：

> 蔼蔼鼎门外，澄澄洛水湾。堂皇临绿野，坐卧看青山。
> 位极却忘贵，功成欲爱闲。官名司管钥，心术去机关。
> 禁苑凌晨出，园花及露攀。池塘鱼拨刺，竹径鸟绵蛮。
> 志在安潇洒，尝经历险艰。高情方造适，众意望征还。
> 好客交珠履，华筵舞玉颜。无因随贺燕，翔集画梁间。

回到洛阳，也不是没有伤感的时刻。这日经过亡友元稹的宅院，刘禹锡写下《再经故元九相公宅池上作》一诗：

> 故池春又至，一到一伤情。
> 雁鹜群犹下，蛙螟衣已生。
> 竹丛身后长，台势雨来倾。
> 六尺孤安在？人间未有名。

转眼，距元稹去世已经是六个年头。

刘禹锡这首感念之作，除了对亡友的追思，更是对元稹子女的关心。元稹去世后，其子女并没得到多少庇佑，刘禹锡不禁为其叹惋，"六尺孤安在"，另一方面，也是为自己今后的命运担忧。

更多时候，刘禹锡的生活过得恬淡而自在，经常同白居易、裴度等人设宴狂欢。比如开成二年（837年）三月三日上巳节，裴度召集了十多人，舟中设宴，嬉水宴饮，从早到晚，享乐至极，白居易在《三月三日被禊洛滨并序》中描绘了这场典雅富丽的节日场面："河南尹李待价以人和岁稔，将禊于洛滨。前一日，启留守裴令公。公明日召太子少傅白居易、太子宾客萧籍、李仍叔、刘禹锡、前中书舍人郑居中、国子司业裴恽、河南少尹李道枢、仓部郎中崔晋、司封员外郎张可续、驾部员外郎卢言、虞部员外郎苗愔、和州刺史裴俦、淄州刺史裴洽、检校礼部员外郎杨鲁士、四门博士谈弘谟等一十五人，合宴于舟中。由斗亭，历魏堤，抵津桥，登临溯沿，自晨及暮，簪组交映，歌笑间发，前水嬉而后妓乐，左笔砚而右壶觞，望之若仙，观者如堵。尽风光之赏，极游泛之娱。美景良辰，赏心乐事，尽得于今日矣。"

这一时期的刘禹锡，往来的朋友中，最多的当然还是白居易。两人把酒言欢，写诗唱和，两个乐观的人每天把日子过得像诗。

年龄加起来一百多的俩老头，凑在一起却像两个小孩儿。白居易说两人春日放歌结伴而行，为了赏花去找郡守借马，想去玩水偷走舫公的船只。时间久了，大家都知道洛阳城有俩不务正业的老顽童刘禹锡跟白居易。白居易记于《赠梦得》：

> 年颜老少与君同，眼未全昏耳未聋。
> 放醉卧为春日伴，趁欢行入少年丛。
> 寻花借马烦川守，弄水偷船恼令公。
> 闻道洛阳人尽怪，呼为刘白二狂翁。

不在洛阳城玩闹，白居易就继续自己的自酿酒生活，三天两头邀请刘禹锡来喝酒。

酒还没酿熟，就提前把邀约发出："闲征雅令穷经史，醉听清吟胜管弦。更待菊黄家酝熟，共君一醉一陶然。"

一同去了别人家吃酒，转头白居易就开始呼唤刘禹锡："前日君家饮，昨日王家宴。今日过我庐，三日三会面。"

身为多年好友，心细的刘禹锡如何不懂白居易那份看似豁达，实则闲愁难遣的心境，为此他不止一次通过诗文劝慰白居易。

之前白居易感叹华发早生，膝下无子，刘禹锡宽慰他乐天知命，早日得子，《苏州白舍人寄新诗，有叹早白无儿之句，因以赠之》写道：

> 莫嗟华发与无儿，却是人间久远期。

雪里高山头白早，海中仙果子生迟。

于公必有高门庆，谢守何烦晓镜悲。

幸免如新分非浅，祝君长咏梦熊诗。

白居易经常感叹年华老去，疾病缠身，刘禹锡借秋日盛景安慰他，《秋日书怀寄白宾客》写道：

州远雄无益，年高健亦衰。

兴情逢酒在，筋力上楼知。

蝉噪芳意尽，雁来愁望时。

商山紫芝客，应不向秋悲。

刘禹锡还宽慰白居易应保持健康，精神抖擞，颈联与辛弃疾"不知筋力衰多少，但觉新来懒上楼"颇有相通之处。

与白居易一起待久了，连刘禹锡也沾染了白居易那样事无巨细都必须写首诗的毛病，春天来了，呼叫白居易，花朵即将绽放，柳树将抽芽，《洛中早春赠乐天》写道：

漠漠复霭霭，半晴将半阴。

春来自何处？无迹日以深。

韶嫩冰后木，轻盈烟际林。

藤生欲有托，柳弱不自任。

花意已含蓄，鸟言尚沉吟。

期君当此时，与我恣追寻。

翻愁烂漫后，春暮却伤心。

秋天自己中暑消退后，赶忙给白居易写诗，《秋中暑退赠乐天》

写道：

> 暑服宜秋著，清琴入夜弹。
> 人情皆向菊，风意欲摧兰。
> 岁稔贫心泰，天凉病体安。
> 相逢取次第，却甚少年欢。

哎呀，一叶知秋，秋风吹拂，木槿花强打精神，花期将过，看调教于臂韝之上的鹰身姿矫健，得向白居易念叨念叨，《酬乐天感秋凉见寄》写道：

> 庭晚初辨色，林秋微有声。
> 槿衰犹强笑，莲迥却多情。
> 檐燕归心动，韝鹰俊气生。
> 闲人占闲景，酒熟且同倾。

睡不着了？火速爬起来给白居易写首诗，寄去问问对方是不是也和自己一样有失眠症，《秋夕不寐寄乐天》写道：

> 洞户夜帘卷，华堂秋簟清。
> 萤飞过池影，蛩思绕阶声。
> 老枕知将雨，高窗报欲明。
> 何人谙此景？远问白先生。

要说捧场，还是得看白居易，这边刘禹锡说"秋夕不寐"，那边白居易就赶紧回一首《酬梦得秋夕不寐见寄》：

> 碧簟绛纱帐，夜凉风景清。
> 病闻和药气，渴听碾茶声。
> 露竹偷灯影，烟松护月明。
> 何言千里隔，秋思一时生。

年纪大了，夜有凉风也睡不着，一时秋思顿生。病中闻着药味，渴了听着碾茶的声音，表现出失眠之夜的清新和寂寞。

碰上洛阳冬日下雪，刘禹锡与白居易宴饮畅快，还得写首《和乐天洛下雪中宴集寄汴州李尚书》，送给在开封的李绅，眼馋对方一把。

除了白居易，闲居洛阳期间，刘禹锡与牛僧孺也多了些唱和。开成二年（837 年）五月，牛僧孺接替裴度任东都留守。

大抵是远离政治纷争，加上牛僧孺对刘禹锡才华的钦慕，刘禹锡与牛僧孺的交往比较简单。

比如炎炎夏日，雨后酷热消解，草木泛着珠光，闪闪亮亮，翠竹新长，莲花初绽，清香传来，亭边点缀着野花，水鸟恣意嬉戏，刘禹锡将捕捉到的这一幕写进《牛相公林亭雨后偶成》：

> 飞雨过池阁，浮光生草树。
> 新竹开粉奁，初莲爇香炷。
> 野花无时节，水鸟自来去。
> 若问知境人，人间第一处。

与白居易一样，退隐洛阳的牛僧孺，"治第洛之归仁里，多致嘉木美石，与宾客相娱乐"，寄情园林、游宴。

牛僧孺早年为官清廉，后来在洛阳城东和城南分别购置了宅邸和别墅，以收集奇石为好，这些石头"三山五岳，百洞千壑，覼缕簇缩，尽在其中，百仞一拳，千里一瞬，坐而得之"，把玩这些珍藏，牛僧孺"待

之如宾友，亲之如贤哲，重之如宝玉，爱之如儿孙"。白居易与牛僧孺
关系不错，专门为牛僧孺撰写了一篇《太湖石记》，对他的集石癖好大
为夸赞。

周围的朋友都知晓牛僧孺的爱好，为此苏州刺史曾给他送上太湖石，
牛僧孺大为高兴，写诗《李苏州遗太湖石奇状绝伦因题二十韵奉呈梦得
乐天》给刘禹锡和白居易，记载整件事。

刘禹锡看过石头后，和诗助兴，回以《和牛相公题姑苏所寄太湖石
兼寄李苏州》：

> 震泽生奇石，沉潜得地灵。初辞水府出，犹带龙宫腥。
> 发自江湖国，来荣卿相庭。从风夏云势，上汉古查形。
> 拂拭鱼鳞见，铿锵玉韵聆。烟波含宿润，苔藓助新青。
> 嵌穴胡雏貌，纤铓虫篆铭。屭颜傲林薄，飞动向雷霆。
> 烦热近还散，馀酲见便醒。凡禽不敢息，浮蛩莫能停。
> 静称垂松盖，鲜宜映鹤翎。忘忧常目击，素尚与心冥。
> 眇小欺湘燕，团圆笑落星。徒然想融结，安可测年龄。
> 采取询乡耋，搜求按旧经。垂钩入空隙，隔浪动晶荧。
> 有获人争贺，欢谣众共听。一州惊阅宝，千里远扬舲。
> 睹物洛阳陌，怀人吴御亭。寄言垂天翼，早晚起沧溟。

这首气势磅礴、恢宏大气的长诗，描写太湖石的来源，以及形貌的
稀有，总的来说，偏重于应酬。在诗句结尾处，侧面点到太湖石运送不易，
千里乘船送石，实在浪费民脂民膏。

其实在晚年同牛僧孺的交往中，刘禹锡更多是保持着不冷不淡的态
度，所以两人的关系说不上太差，也不能说很好。故而同牛僧孺关系不
错的杜牧，与刘禹锡也没太大交集。

尽管之前在扬州宴席上，两人诗歌一来一往解除了以往的嫌隙，但

在同牛僧孺的相处中，刘禹锡显然没有同李德裕、令狐楚往来一样，情谊更重。

比如这首《和牛相公夏末雨后寓怀见示》，尾联不难看出，刘禹锡还在以牛僧孺参与党争的事情来提醒他：

> 金火交争正抑扬，萧萧飞雨助清商。
> 晓看纨扇恩情薄，夜觉纱灯刻数长。
> 树上早蝉才发响，庭中百草已无光。
> 当年富贵亦惆怅，何况悲翁发似霜！

刘禹锡的谏言，牛僧孺倒是没有半点愠色，大概牛僧孺始终将刘禹锡视作文坛前辈，刘禹锡的诗文才华，一直为牛僧孺钦佩，哪怕绕路，他也要去拜访刘禹锡，设宴邀请对方。

相比作诗，牛僧孺可能更擅长写文，比如他留下的志怪小说集《玄怪录》，承上启下，被鲁迅极为赞赏。而这种怪力乱神的奇幻想象力，却又是刘禹锡不太具备的。

牛僧孺流传下来不多的诗作中，好几首都与刘禹锡相关，比如这首和白居易与刘禹锡的新春诗作《乐天梦得有岁夜诗聊以奉和》：

> 惜岁岁今尽，少年应不知。
> 凄凉数流辈，欢喜见孙儿。
> 暗减一身力，潜添满鬓丝。
> 莫愁花笑老，花自几多时。

牛僧孺晚年的诗作，除了游园咏石，还有一些是感叹时光飞逝，惆怅衰老，这与刘禹锡老了依然积极向上的人生态度不同，或许这也是两人始终走不到一路的原因之一。

同样是牛党的代表人物令狐楚，刘禹锡同他的往来则要真诚和密切得多。

刘禹锡同令狐楚的往来很早，只不过刘禹锡被贬朗州时，随着令狐楚的仕途畅通，官职日益升迁，一个为了保全朋友的前途，一个接受朋友的好意也没送来慰问，故而这期间两人之间几乎没有太多交往。

长庆四年（824 年）秋，令狐楚出任宣武军节度使及汴、宋、亳诸州观察使，辖所包括汴州、宋州、亳州和颍州，即今河南东部和安徽北部。宣武军士兵固化，将帅多由当地将士拥立，故而朝廷指派的节度使，多数面临"强龙不压地头蛇"的境遇。

令狐楚到任后作《到镇改月二十二韵》给刘禹锡，刘禹锡回以长诗。没多久，刘禹锡又写了一首《客有话汴州新政书事寄令狐相公》：

> 天下咽喉今太宁，军城喜气彻青冥。
> 庭前剑戟朝迎日，笔底文章夜应星。
> 三省壁中题姓字，万人头上见仪形。
> 汴州忽复承平事，正月看灯户不扃。

诗中提到汴州作为天下咽喉，军事重地，在令狐楚的治理下，百姓安居乐业，生活井井有条。

整首诗将令狐楚狠狠夸了一顿，令狐楚当然很高兴，回赠以《节度宣武酬乐天梦得》：

> 蓬莱仙监客曹郎，曾枉高车客大梁。
> 见拥旌旄治军旅，知亲笔砚事文章。
> 愁看柳色悬离恨，忆递花枝助酒狂。
> 洛下相逢肯相寄，南金璀错玉凄凉。

大和六年（832年）二月，令狐楚改任太原尹，这也是令狐楚继河阳、宣武、天平到太原节度使的"四登坛"。

为此，刘禹锡赋诗《令狐相公自天平移镇太原以诗申贺》一首，以示祝贺：

> 北都留守将天兵，出入香街宿禁扃。
> 鼙鼓夜闻惊朔雁，旌旗晓动拂参星。
> 孔璋旧檄家家有，叔度新歌处处听。
> 夷落遥知真汉相，争来屈膝看仪形。

令狐楚世居太原，对这里有很深的依恋。而太原也是李唐天下的龙兴之地，诗歌开篇就点出太原的守备森严，侧面突出令狐楚的治军严明。

孔璋是陈琳的字，叔度是廉颇的后人廉范的字，刘禹锡诗中以这两人的典故，来凸显令狐楚对太原的正面影响。

同一时期，刘禹锡还有一首《和白侍郎送令狐相公镇太原》，也是夸赞令狐楚镇守太原，纪律严明，功绩突出：

> 十万天兵貂锦衣，晋城风日斗生辉。
> 行台仆射新恩重，从事中郎旧路归。
> 叠鼓鼟成汾水浪，闪旗惊断塞鸿飞。
> 边庭自此无烽火，拥节还来坐紫微。

抛开这些歌功颂德的应酬所作，刘禹锡同令狐楚之间的往来，更多时候单纯以诗文相交，撇开了各自的政治立场和交际圈，显得更加纯粹，诗文之间的感情，也更为真挚。

比如刘禹锡这首《酬令狐相公六言见寄》，表达离别的思念：

已嗟离别太远，更被光阴苦催。

吴苑燕辞人去，汾川雁带书来。

愁吟月落犹望，忆梦天明未回。

今日便令歌者，唱兄诗送一杯。

唐人盛行的咏物诗，令狐楚赋了一首歌咏栀子花的诗（已佚），刘禹锡和了一首，《和令狐相公咏栀子花》写道：

蜀国花已尽，越桃今正开。

色疑琼树倚，香似玉京来。

且赏同心处，那忧别叶催。

佳人如拟咏，何必待寒梅？

诗句开篇点明了栀子花绽放的季节，接着描写栀子花洁白如玉的花瓣，馥郁清雅的花香。后面两联似乎在安慰对方，不要惋惜花朵萎谢，要把握时机，不用等到寒梅盛放才吟咏花朵。

毕竟刘禹锡是一个还没去过南京，就写下《金陵五题》的人。

比起以栀子花的纯洁衬托自己品格的常规写诗风格，刘禹锡在尾联显得又特别又积极。

尽管相聚的时刻不多，但令狐楚才气过人、文思泉涌，与刘禹锡鸿雁传音，唱和频繁，佳作颇多。

兴趣相投的朋友，会更加激发彼此的文学创作热情。挚友令狐楚的诗文，让刘禹锡更加文思泉涌。地理空间的阻隔，并没有阻隔彼此心灵的距离，诗文的唱和，让他们始终保持着密切的往来。

"虽穷达异趣，而音英同域，故相遇甚欢。其会面必抒怀，其离居必寄兴，重酬累赠，体备今古，好事者多传布之。"

后来刘禹锡任苏州刺史时，应令狐楚的请求，将两人唱和的百余首诗歌，编纂成册，并取了令狐楚封爵（彭阳郡公）的称号，刘禹锡更是为这本诗集作序《彭阳唱和集引》，记载了两人这些年的往来。

开成二年（837 年）十一月，令狐楚病逝，刘禹锡病中接到讣告，悲恸万分。几天后刘禹锡收到令狐楚最后的赠诗，应该是对方病中卧床时亲笔所写："手笔盈幅，翰墨尚新。律词一篇，音韵弥切。收泪握管，以成报章。"看到令狐楚的文字，刘禹锡更加思念亡友，马上和诗，让使者带回焚烧在令狐楚的灵帐前，《令狐仆射与予投分素深，纵山川阻修……附于旧编之末》写道：

> 前日寝门恸，至今悲有馀。
> 已嗟万化尽，方见八行书。
> 满纸传相忆，裁诗怨索居。
> 危弦音有绝，哀玉韵犹虚。
> 忽叹幽明异，俄惊岁月除。
> 文章虽不朽，精魄竟焉如？
> 零泪沾青简，伤心见素车。
> 凄凉从此后，无复望双鱼。

在离世前一刻，不顾病痛的折磨，还想要给远方的朋友寄去自己的新诗。我们的情谊不被时空所阻碍，不被病痛所限制，我们相识几十年的情谊，都在这些诗文中，实在不愿分离。

如果文字有温度，刘禹锡收到的这首诗应该是滚烫的吧，墨色汉字如同苍龙，从如白云一般的纸上腾飞跃起，将令狐楚的那些思念逐一向刘禹锡诉说。

刘禹锡的和诗全是思念和悲伤，文章虽然不朽，诗文可以传世，可是朋友的魂魄又去了哪里？诗文上全是泪水，看到灵车更加伤心，纵使到了今日，依然无法相信挚友就这样与自己阴阳相隔。

琴音断绝，玉石已碎，令狐楚的离世，带走了刘禹锡的又一份快乐，自此以后，他再也不会收到令狐楚的诗了，再也没有对来信的盼望了。亡友真真切切地离开了人世，那些文采飞扬的诗词唱和，都只是带上了昏黄滤镜的美好回忆，再也不会鲜活起来。

刘禹锡的人格魅力，不仅限于同代人，就连朋友的孩子，也不忘奔赴千里，追随他学习。

二十岁的韦绚，"自襄阳负书笈至江陵，拏叶舟，泝巫峡，抵白帝"，从襄阳一路乘船到夔州，投奔父亲韦执谊昔日的同事刘禹锡，跟随左右，学习知识。

当年永贞革新后期，韦执谊与王叔文闹掰，改革失败后王叔文和刘禹锡等人相继被贬，韦执谊并没第一时间受到牵连，但之后还是被贬为崖州司马，最后病逝于贬所。

刘禹锡同韦执谊的感情，远不如和柳宗元、吕温，以及王叔文来得深厚。但这并不妨碍故人之子突然造访，以及刘禹锡的热情接待。对待亡友之子，刘禹锡解衣推食，视如己出，包括游览白帝城赋诗时，旁边也有韦绚的身影。

后来韦绚根据同刘禹锡的朝夕相处，将他的话语记载下来，结集成册，编成《刘公嘉话录》，也叫作《刘宾客嘉话录》。

因为成书于大中十年（856 年）二月，所以书中所记之事，并不只是韦绚当初在夔州的见闻，内容涵盖了刘禹锡听过的传闻，谈及的政治，以及与朋友们交往的趣事，"与语论，大抵根于教诲，而解释经史之暇，偶及国朝文人剧谈，卿相新语，异常梦话，若谐谑卜祝，童谣佳句"，只可惜因为年代关系，书中不少轶事是后人加录进去，降低了原作的可信度。

在这之前，韦绚还曾以校书郎入李德裕剑南西川幕府，同样根据李德裕的一些私谈，编撰了一卷《戎幕闲谈》。韦绚所记载的这两本书，都是过去较为少见的私人谈话记录。

更有缘分的是，韦绚编成《刘宾客嘉话录》后，娶妻成家，妻子是元稹唯一的女儿。人的生命会随着时间的流逝而消失，但人与人之间的情感，却会随着时间的流逝而不断叠加，深厚的情意会通过彼此的往来，延续得更加绵长。

我们总以为纵然和朋友天各一方，但时光绵长，总有相聚的时刻，即便不在同一处，也有驿站这样的便利，可以将我们的感悟，我们的经历，我们的思念，如同月光一样，传递给同一片夜空下的友人。

但事实上，时间如滴漏，总有耗尽的时刻，永不停歇的历史长河里，我们相会的时刻显得那么短暂，我们总会迎来一次又一次亲友的生离死别，参商不相见。我们能做的，只有打起精神，通过文字，记载下那些情意，传递那份铭刻在彼此生命中的快乐时光。

起复之心

自古以来，诗人遭贬后，要么激愤难当，郁郁不得志，多激昂愤懑之句；要么寄情山水，求仙念佛，淡泊余生。旷达的刘禹锡，收拾背囊出发，不忘留下一首《途中早发》：

> 马踏尘上霜，月明江头路。
> 行人朝气锐，宿鸟相辞去。
> 流水隔远村，缦山多红树。
> 悠悠关塞内，往来无闲步。

刘禹锡的文采，建立在自己这种豁达的胸怀上。无论是跌落人生谷底，还是暮年生病，他都没有放弃过兼济苍生的理想。

被贬朗州，他模仿阮籍的《咏怀诗》，作《学阮公体三首》，精神抖擞，依然对前途充满信心，哪怕面临被贬的现状，他依然觉得只是暂时的历练。

遭遇前所未有的挫折，他反而笑言，不经历失意，怎么能遇到知己？磨难对他来说，仿佛只是微不足道的一次挑战。

其一

少年负志气，信道不从时。
只言绳自直，安知室可欺？
百胜难虑敌，三折乃良医。
人生不失意，焉能慕知己！

其二

朔风悲老骥，秋霜动鸷禽。
出门有远道，平野多层阴。
灭没驰绝塞，振迅拂华林。
不因感衰节，安能激壮心？

其三

昔贤多使气，忧国不谋身。
目览千载事，心交上古人。
侯门有仁义，灵台多苦辛。
不学腰如磬，徒使甑生尘。

滞留朗州，哪怕写信给老上司杜佑，没有得到半分援助，更有唐宪宗"纵逢恩赦，不在量移之限"的诏令，按照普通人的心境来看，只能是心灰意冷。

然而刘禹锡和柳宗元却意外发现，元洪起用韩晔，这个和他们一样，因为永贞革新失败被贬的远州司马。这一任命让刘、柳二人大为惊喜，无疑是看到了可以回京的希望。

为此，刘禹锡给对方写了一篇《答饶州元使君书》，根据自己多年在地方的实践经验，提出一系列针对性政治政策，完善地方治理。

刘禹锡认为，实施政策，必须注重"宽猛迭用"，仿效汉代赵广汉设立用以匿名举报的"缿筒"，靠舆情来监督官员，这样才能"奸不敢欺"，"夫民足则怀安，安则自重而畏法"；在管理层面，地方官员要加强修身，做到"简廉奉法"，即"以不知事为简，以清一身为廉，以守旧弊为奉法"；同时，刘禹锡作为长期在一线的官吏，还观察到征收赋税中的猾吏和隐户问题，他提到需要清查户籍人口，以丰年的盈收去补足灾年的亏空，对于不紧急的支出加以移除，减少财政支出。

元洪打算免除贫穷患病人家的赋税，但不增加富人的赋税，为此他将自己的想法同刘禹锡的文章寄给柳宗元，柳宗元同样也回以一篇《答元饶州论政理书》。

同刘禹锡一样，柳宗元一针见血指出，如果仅仅是减免穷人的赋税，不能从根本上解决贫富分化的问题，真正需要解决的，是丈量田地、清查隐户，这样富户不能侵占田地，横行豪奢，穷人也不用被迫像奴隶一样被富户驱赶去种地。

然而，尽管一来一往讨论相当精彩，但对于刘禹锡的仕途，依然没有太大帮助。

后来，刘禹锡由朗州回京城，被一纸诏令打发去了连州，他的注意力依然是国家大事和民生百态，朝中发生的各种事件，他都有写下相关诗文，希望可以通过这样的方式，让朝中重臣或者皇帝可以看到自己，让自己重回政治中心，一展抱负。

元和十年（815年）七月，武元衡遇刺身亡，元和十二年（817年），裴度出任淮西宣尉招讨处置等使，韩愈被任命为行军司马。

十月，在裴度的统领下，李愬以三千兵马，借着风雪夜突袭成功，生擒淮西藩帅吴元济，结束了蔡州长达五十二年的割据势力。由此，裴度、李愬一战成名，这也是"李愬雪夜入蔡州"的由来。

大军班师回朝，韩愈受命撰写了《平淮西碑》。而远在连州的刘禹锡听闻淮西大捷，激动不已，撰写了《平蔡州三首》：

其一

蔡州城中众心死，祅星夜落照壕水。

汉家飞将下天来，马棰一挥门洞开。

贼徒崩腾望旗拜，有若群蛰惊春雷。

狂童面缚登槛车，大皋天矫垂捷书。

相公从容来镇抚，常侍郊迎负文弩。

四人归业闾里间，小儿跳踉健儿舞。

其二

汝南晨鸡喔喔鸣，城头鼓角音和平。

路傍老人忆旧事，相与感激皆涕零。

老人收泣前致辞，官军入城人不知。

忽惊元和十二载，重见天宝承平时。

其三

九衢车马浑浑流，使臣来献淮西囚。

四夷闻风失匕箸，天子受贺登高楼。

妖童擢发不足数，血污城西一抔土。

南峰无火楚泽闲，夜行不锁穆陵关。

策勋礼毕天下泰，猛士按剑看常山。

三首组诗通俗易懂，分别描述了叛乱被平定的过程，平叛后百姓的欢喜，以及平叛后的影响。

如同一曲激情高亢的交响乐。刚开始称朝中军队如天神下凡，一记马鞭撞开门，吓得叛军远远望见军旗就要投降下拜，平叛过程如春雷惊动，声势浩大，战乱平息后，小孩儿载歌载舞，欢喜万分。

经过前面擂鼓阵阵的声响，接下来的乐章仿佛是温和舒缓的轻松小调。天亮鸡鸣，城中敲响鼓声，路边是老人在回忆着过去深受叛军压迫的悲惨经历，感动朝中军队平息了叛乱。老人们停下哭泣上前致谢，大军进城却悄无声息，没有惊扰百姓，这样平和的氛围，仿佛梦回天宝年间。

最后一部分蔡州大捷，各方割据势力纷纷倒戈，开始向朝廷表忠心，国家形势一片大好。

三年后，淄青都知兵马使刘悟平定了李师道所占的淄青地区，喜不自胜的刘禹锡又创作了《平齐行二首》，赞叹朝廷在削藩上的坚定和勇猛，借此希望自己也能顺势重展济世匡时的抱负：

其一

胡尘昔起蓟北门，河南地属平卢军。

貂裘代马绕东岳，峄阳孤桐削为角。

地形十二房意骄，恩泽含容历四朝。

鲁人皆解带弓箭，齐人不复闻箫韶。

今朝天子圣神武，手握玄符平九土。

初衰狂童袭故事，文告不来方震怒。

去秋诏下诛东平，官军四合犹婴城。

春来群乌噪且惊，气如坏山堕其庭。

牙门大将有刘生，夜半射落挽枪星。

帐中虏血流满地，门外三军舞连臂。

驿骑函首过黄河，城中无贼天气和。

朝廷侍郎来慰抚，耕夫满野行人歌。

其二

泰山沉寇六十年，旅祭不享生愁烟。

今逢圣君欲封禅，神使阴兵来助战。

妖氛扫尽河水清，日观杲杲卿云见。

开元皇帝东封时，百神受职争奔驰。

千钧猛虞顺流下，洪波涵淡浮熊罴。

侍臣燕公秉文笔，玉检告天无愧词。

当今睿孙承圣祖，岳神望幸河宗舞。

青门大道属车尘，共待葳蕤翠华举。

时间的轨迹让刘禹锡从朗州、夔州、和州辗转到大和二年（828年），刘禹锡一路从洛阳回到长安，最后被任命为集贤殿学士。

后来刘禹锡由长安赴苏州任职，途经洛阳，见到裴度时，在联诗中再一次向对方表达自己的心思，希望对方可以东山再起，带着自己一展身手："洪炉思哲匠，大厦要群材。他日登龙路，应知免曝鳃。"你一人起势孤掌难鸣，那么带着我们一起，足以立下一番功业。

只可惜裴度却早已急流勇退，心生倦意："马嘶驼陌上，鹢泛凤城隈。色色时堪惜，些些病莫推。"

眼看裴度在《喜遇刘二十八偶书两韵联句》中称自己"病来佳兴少，老去旧游稀。笑语纵横作，杯觞络绎飞"，直接否决了刘禹锡这份激进之心。

刘禹锡也无可奈何，只能暂时抛却对仕途的热衷，盛赞对方虚怀若谷，是清雅高士："清谈如水玉，逸韵贯珠玑。高位当金铉，虚怀似布衣。"

过去的朋友们相继放下兼济天下的理想，只剩下刘禹锡一个人还在苦苦坚持。他的不合时宜，显得那么固执，又那么动人。只有他还坚守着过去的理想，挺直坚强的脊背，踽踽独行。

或许，如果柳宗元没有早逝，会是世界上可以继续与他并肩而行的人吧。

只是历史不容假设，孤独的刘禹锡，依然怀抱着他那颗赤诚的心，努力做出政绩。

不过相比以前频繁劝说老友们重回仕途，努力做一番事业，此时的刘禹锡却把这种炽热的情怀放在心里，更多时候是以一事无成来自嘲。

刘禹锡任同州刺史时，在洛阳喝茶饮酒。闲散度日的白居易，想到还没退休的刘禹锡，寄诗表达思念，《闲卧寄刘同州》写道：

> 软褥短屏风，昏昏醉卧翁。
> 鼻香茶熟后，腰暖日阳中。
> 伴老琴长在，迎春酒不空。
> 可怜闲气味，唯欠与君同。

白居易与刘禹锡不一样，早年他也曾意气风发，事事上书，尤其是力主削藩的武元衡被当街刺杀，白居易更是上言请求缉拿凶手，却被认为是越职言事。

没多久，白居易被举报说他有伤名教，母亲因看花坠井而死，白居易竟然还作《赏花》《新井》等诗，因此，他被贬为江州司马。自此，白居易从一个胸怀天下的热血青年，一夜之间，蜕变成独善其身的保守主义者，对朝中大事不再关心。

看到白居易的寄诗，刘禹锡回以一首诗来哭穷，说自己不是不想跟白居易一样退隐山林，实在是囊中羞涩，需要努力为朝廷打工赚钱，《酬乐天闲卧见忆》写道：

> 散诞向阳眠，将闲敌地仙。
> 诗情茶助爽，药力酒能宣。

> 风碎竹间日，露明池底天。
> 同年未同隐，缘欠买山钱。

刘禹锡真的是因为缺钱买房，才苦兮兮地在各个州郡辗转吗？只怕未必。倘若真想努力赚钱，购买田地，置办宅院，那么凭借他的才名和人脉，同韩愈、白居易一样，靠给人写墓志铭等润笔费，早就可以轻松攒下一大笔钱财。

只是他有自己的坚持和信念，故而哪怕年老奔波，也要奋斗到底。

刘禹锡的诗作中有不少吟咏秋天的诗，和过去一样，他这首《始闻秋风》同样充满了激昂慷慨的向上风格：

> 昔看黄菊与君别，今听玄蝉我却回。
> 五夜飕飗枕前觉，一年颜状镜中来。
> 马思边草拳毛动，雕盼青云睡眼开。
> 天地肃清堪四望，为君扶病上高台。

诗句开篇就将秋风拟人化，首联营造出一种去年今日老友相聚的熟悉感，让秋风也带上了一份情意。去年金菊盛放时，秋去冬至，秋风与自己告别，今日听到秋蝉鸣叫，秋风再度和自己相逢。然而五更时分，秋风飕飗，将自己唤醒，揽镜自照，这一年的衰老清晰可见。秋风还是这么强劲有力，自己却已是两鬓斑白。

然而颈联、尾联画风一转，从刚刚的惆怅中走出，精神抖擞。骏马思念边塞的秋草，抬头遥望远方，困顿的鸷雕，睁开睡眼，渴求着搏击长空。

而我呢，在秋高气爽的季节，自然也要抱着病体登上高台看看。登高望远，豪情顿生，故而沈德潜在《唐诗别裁集》中夸这首诗"下半首英气勃发，少陵操管不过如是"。

哪怕垂暮之年，刘禹锡依然气势豪迈，旷达如斯，言语间没有半分自怜之色，和多年前高声唱着"晴空一鹤排云上，便引诗情到碧霄"的他，骨子里没有丝毫变化。

开成元年（836 年），一向注重养生，为自己医治的刘禹锡，这年开始患足疾，此后一直疾病缠身，他的进取之心，这才有所衰减。

喜欢交友的刘禹锡，在人生的不同阶段都有朋友相伴，这些朋友，除了在仕途上屡屡拉他一把的裴度，还有增加了他人生体验的诗僧，与他在诗文中互相进步的文友。

为此，在保持文采的不断进步之外，我们始终能在刘禹锡的作品中感受一种充满底蕴的坚韧气度。

"蹈道之心一，而俟时之志坚"，刘禹锡的诗作呈现在后人面前的，都是一个昂首向天的形象。无论是被贬谪到环境恶劣的偏远之地，还是遭受政敌的苛责对待，他都用乐观的心态忍受着一切，笑对每一天。

《云溪友议》中记载了他的一段话："浮生谁至百年，倏尔衰暮，富贵穷愁，实其常分，胡为嗟愧焉！"尘世间的富贵荣华，荣辱愁苦，在他看来都是人生的寻常事，不必过于叹惋。

开成五年（840 年），远在长安的龙椅，又换了新的主人。郁郁成疾的唐文宗病逝，时年三十二岁，同时仇士良、鱼弘志伪造圣旨，唐文宗的弟弟李炎被册立为皇太弟，后继位为唐武宗。

武宗称帝后，立马诏回李德裕，任命其为宰相，改变了牛党独掌朝柄的局面，随后几年对内平定藩镇叛乱，对外击退回鹘，给国家换来短暂的稳定局面。

然而即便如此，在朝堂上指点江山的李德裕，在与吏部尚书王起的和作里，透露出悲伤之感，序中说自己"况余百龄过半，承明三入，发已皓白，清秋可悲"，赋里也充满了时光流逝，自我伤怀之语。因此，刘禹锡便写了一篇《秋声赋》作为回应：

碧天如水兮宵宵悠悠；百虫迎暮兮万叶吟秋。欲辞林而萧飒，潜命侣以唧啾。送将归兮临水，非吾土兮登楼。晚枝多露蝉之思，夕草起寒螀之愁。

至若松竹含韵，梧楸早脱。惊绮疏之晓吹，堕碧砌之凉月。念塞外之征行，顾闺中之骚屑。夜萤鸣兮机杼促，朔雁叫兮音书绝。远杵续兮何泠泠，虚窗静兮空切切。如吟如啸，非竹非丝。合自然之宫徵，动终岁之别离。

废井苔冷，荒园露滋。草苍苍兮人寂寂，树槭槭兮虫咿咿。则有安石风流，巨源多可。平六符而佐主，施九流而自我。犹复感阴虫之鸣轩，叹凉叶之初堕。异宋玉之悲伤，觉潘郎之么么。

嗟乎！骥伏枥而已老，鹰在韝而有情。聆朔风而心动，眄天籁而神惊。力将痑兮足受绁，犹奋迅于秋声。

结尾处他忍不住感叹：啊！千里马虽雄心不已，却已衰老，雄鹰还未腾飞，却已充满搏击长空之情。听到秋风呼啸之声，我心中也涌起豪情万丈，看秋色苍茫，精神也为之一振。力气虽已用尽，双脚还受着束缚，但依然要在这凛冽的秋声中奋力奔驰向前。

文章字字珠玑，充满激昂向上之意，谁能想到，此时距离刘禹锡辞世，就只有一年多的时间了呢？

秋歌永诀

都说刘禹锡乐观豁达，那么他就完全没有悲伤愤懑的时候吗？自然还是有的。

撇开广为传颂的《秋词》，刘禹锡还有一首《秋风引》，秋风而起，大雁南飞，触动了他那个久居偏远地区的心弦，因此他提笔写下：

> 何处秋风至，萧萧送雁群。
> 朝来入庭树，孤客最先闻。

秋风瑟瑟，抬头看雁群飞过，秋风何处而来，又何处而去，无形无影，无可琢磨，也无可深究。而诗句这样的诘问，无非是秋风拂过，搅动了自己那颗落寞的心。

镜头从天上的雁群，转移到庭院中的树木，最后再对准自己这样的孤客，仿佛是将自己挪动在画框之外，带着大家一起感受这份孤寂、感伤的氛围。

因此明人唐汝询在《唐诗解》中说："孤客之心，未摇落而先秋，所以闻之最早。"

在后世的评价中，刘禹锡似乎是一个永远快乐，将笑容固定在脸上，不会伤心落泪的人。

哪怕是三次贬谪，人生起起落落，他好像也只会拍拍肩上的灰尘，昂头大步向前走，朝着落日的余晖，迎着万丈光芒，只留下一个拉得老长却利落的背影。

但这首《秋风引》，还是流露了他内心的一丝寂寥。不过诗豪毕竟是诗豪，刘禹锡的这份孤客之心，只关乎孤独。他惦记的，是忧国忘家、致君尧舜的初心。

此外，刘禹锡的另一个牵挂，便是他的母亲。

刘禹锡在自传中说母亲曾告诉他"吾不乐江淮间，汝宜谋之于始"，然而改革失败后，刘禹锡带着老母亲所到之处，没有一处不是条件艰苦、环境恶劣的地方，对于母亲一把年纪还要跟着自己如此奔波，若说刘禹锡心中没半点愧疚和痛苦，那是断然不可能的。

初到朗州时，刘禹锡作《望赋》，以"登灞岸兮见长安"为欢，以"俟环玦兮思帝乡"为伤，到了天高皇帝远之处，曾出入朝廷核心团体的他，没有一日不盼望着回京，"夫不归兮江上石，子可见兮秦原墓。拍琴翻朔塞之音，挟瑟指邯郸之路"，心中惦记的也是"恨已极兮平原空，起何时兮东山在"。

在刘禹锡的心中，支撑他强打精神的，就是盼望着没几年会回京复职。谁知道，一转眼，九年过去，归京依然无望，他作《谪九年赋》哀叹："推以极数，无逾九焉。伊我之谪，至于数极。长沙之悲，三倍其时；廷尉不调，行当跛而。天有寒暑，闰余三变；朝有考绩，明幽三见。"自己这九年是贾谊遭贬谪时间的三倍，吏部考察官员三年一次的频率也经历了三次，还是只能待在这里。文章皆是郁悒激愤之情，他痛苦诘问："何吾道之一穷兮，贯九年而犹尔。"

《旧唐书》里说刘禹锡在湘、澧等地时，郁悒不乐，读《张九龄文集》见到张九龄建议"放臣不宜于善地，多徙五溪不毛之乡"时，感到非常生气，发牢骚说："身出于遐陬，一失意而不能堪，矧华人士族，而必致丑地，然后快意哉！……岂忮心失恕，阴谪最大，虽二美莫赎耶？"

晁补之对刘禹锡这番言论却颇为不满，在《唐旧书杂论》反驳说："禹锡若守正比义而获罪，如是言之可也。既不自爱，朋邪近利，以得谴逐，流离远徙，不安于穷，又不悔咎己失，而以私意不便诋曲江当国嫉恶之言。盗憎主人，物之常态，谁为'忮心失恕'邪？"他认为刘禹锡如果是因为坚守正义却获罪被贬荒地，说这样的话还情有可原。可是他不自爱，结交王叔文这样的人，最后落得如此境地，还不安心悔过，反倒因一己之私随意诋毁张九龄，完全是小人行径。

《旧唐书》对刘禹锡，只是承认他在文学上的才华，说他与柳宗元"巧丽渊博，属辞比事，诚一代之宏才。如俾之咏歌帝载，黼藻王言，足以平揖古贤，气吞时辈"，可惜政治上"蹈道不谨，昵比小人，自致流离，遂隳素业"，将他的人生失败归根于亲近王叔文这样的小人，史官还特地劝诫世人，"君子群而不党，戒惧慎独，正为此也"。

《新唐书》对刘禹锡的评价倒是客观一些，先借白居易之口称赞他"其诗在处，应有神物护持"，推崇他为"诗豪"。

政治上更没有将他贬得一无是处，反而提到刘禹锡感叹学校荒废，上奏宰相。言官说天下缺少读书人，却不懂培养人才的方法，并不是上天不降生人才，而是人才被湮没没能发展的缘故。贞观时，全国有学舍一千二百处，学生门徒三千多人，有五个国家派年轻人来跟着学习。但现在学校坍塌荒废，学生门徒缺少，不是管教育的官员不努力，而是没有充足的资金供给，可惜这样的建议当时并不被采纳。

刘禹锡在仕途上的种种不顺，《新唐书》将其归因于"恃才而废，褊心不能无怨望，年益晏，偃蹇寡所合，乃以文章自适"，《唐才子传》也沿用了这一说法。

此外，《新唐书》还根据刘禹锡的自传，说他为自己辩解，撇清自己与王叔文的关系。

自传中，刘禹锡说吕温、李景俭、柳宗元同王叔文感情交好，他们又和自己关系很好，又都提到王叔文的才能，因此自己跟王叔文等人走得近，更何况"叔文实工言治道，能以口辩移人。既得用，自春至秋，其所施为，人不以为当非"。

但个人觉得这不是刘禹锡的辩白，更像是还原当初朋友们交好的事实，毕竟永贞革新失败后，刘禹锡没有任何贬低王叔文的文字流传。

晚年回到洛阳后，性格开朗的刘禹锡，早已放下心结，自己并没有消沉度日，还有三天两头相约喝酒的白居易，携手看花，静待云卷云舒。

"二十年来万事同"，过往种种，如同大梦一场，刘禹锡和柳宗元晚年做邻居的约定没能实现，白居易和元稹"白首期同归"的承诺也没有兑现，时间如流水东去，日子总要朝前看，闲居洛阳的刘禹锡，与朋友互相喝酒唱和，日子过得恬淡安稳。

尽管腿脚不便，年迈的身体不复从前，但刘禹锡的内心始终充满着一股热情，记挂着有朝一日重回朝堂，依然是那份积极进取的心性。

或许对世事看得淡泊些，心性乐观些，人会活得更加自在长久。

七十一岁的刘禹锡，自知时日无多，为自己写了铭文：

> 不夭不贱，天之祺兮；重屯累厄，数之奇兮。天与所长，不使施兮；人或加讪，心无疵兮。寝于北牖，尽所期兮；葬近大墓，如生时兮。魂无不之，庸讵知兮！

算是非常公正的自我评价：能活这么长，他觉得是天生的福分；命运始终坎坷多灾，那是际遇不好。他恼恨自己的才能没能施展，对旁人的诽谤问心无愧。如今躺在窗下，感觉大限将至，但对生死却又早已看淡。葬在祖坟附近，还像活着一样。灵魂无处不至，这又怎么能知道！

翻开刘禹锡的诗词文章，几乎每一页都写着乐观。

有意思的是，纵使文集中零星有些情绪不佳的文字，无论是文采，还是传播度，都远不及那些充满着乐观、顽强的诗句。大抵顺从本心，笔下才会流露出最真实自然的诗句。

别的诗人悲愤成诗，留下才华横溢的诗句，而刘禹锡却是靠豪情万丈的气度赢来赞誉，放眼整个星光灿烂的唐代诗人群体，乃至整个古代诗词圈，也是难得的一位。

随着对永贞革新派看法的转变，后世对刘禹锡在文学上的才华也是不吝夸奖。清代王夫之盛赞刘禹锡的七绝是"小诗之圣证"，认为"梦得而后，唯天分高朗者，能步其芳尘"，还指出刘禹锡对明代徐渭和袁宏道等人的影响。

沈德潜对刘禹锡的咏史诗评价颇高，他评价自盛唐之后，刘禹锡等人的七绝诗"托兴幽微，克称嗣响"。

明代的杨慎则直接推举刘禹锡是唐代元和年间后，诗人全集最可观的一位，当数第一，认为他的诗歌被广为传诵的，不下百首。

身居高位，跌落泥地，困境之中，他呼喊过，挣扎过，攀爬过，他用诗文记录了那些悲欢喜乐，这些常见的字词经过他的组合，形成了一串串奇妙的音符，鼓舞了无数人，诗文的底蕴更吸引了无数模仿者，留下无数绝唱。

会昌二年（842年），刘禹锡带着他的一腔入世之心，溘然长逝，最终安眠于荥阳。

噩耗传来，挚友白居易痛哭不已，写下《哭刘尚书梦得二首》悼念，其中一首是这样的：

> 四海齐名白与刘，百年交分两绸缪。
> 同贫同病退闲日，一死一生临老头。
> 杯酒英雄君与操，文章微婉我知丘。
> 贤豪虽殁精灵在，应共微之地下游。

行走大半生，白居易再度赞叹老友的才华，更感慨两人命运相似，怀念后半生相伴养老的闲散时光。对于刘禹锡离世，白居易自我安慰，倘若还有魂魄，大概刘禹锡可以在地府与元稹相约游玩。

会昌二年（842年），刘禹锡逝世，走完了自己波折却又传奇的七十一年人生；

会昌三年（843年），刘禹锡跟白居易见面的栖灵塔，在轰轰烈烈的武宗灭佛中化作焦土；

会昌六年（846年），沉迷长生丹药的唐武宗，驾崩于大明宫；

时间再往后推近二十年，王仙芝起义和黄巢起义先后爆发……

高高在上的帝王，如走马灯一样更迭，最终带着奇珍异宝化作一抔黄土；

以为固若金汤的王朝，也只是过眼云烟；

哪怕是绚烂壮观的建筑物，只剩下遗址供人凭吊；

那些命途多舛，散落在大地四处，却一直在苦苦挣扎的诗人们，却带着他们熠熠发光的诗句，永远铭记在更多人心中。

那些记载了他们无限心事和情怀的文字，被吟咏，被传播，唤起了更多人的共鸣。

人们叹惋他们的命运，赞赏他们的才华，刘禹锡却在这群远去的身影中转过头来，挥挥手，笑得灿烂，一如当年的少年模样。

附

录

刘禹锡年表

772年，出生

790年，游学洛阳、长安

793年，与比自己小一岁的柳宗元同榜进士及第，登博学鸿词科

795年，登吏部取士科，授太子校书

796年，父亲刘绪去世，扶灵回荥阳，与母亲居洛阳旧宅，为父守孝三年

800年，任淮南节度使杜佑掌书记，跟随杜佑回扬州

802年，调任京兆府渭南县主簿

803年，任监察御史，同柳宗元和韩愈交好，与令狐楚唱和

804年，娶薛氏为妻

805年，任屯田员外郎、判度支盐铁，后永贞革新失败，被贬朗州司马

808年，收到白居易的一百首诗，作《翰林白二十二学士见寄诗一百篇，因以答贶》

809年，作《上淮南李相公启》《奉和淮南李相公早秋即事，寄成都武相公》向李吉甫和武元衡求情

811年，好友吕温病逝，作《哭吕衡州，时予方谪居》悼念

812年，妻子薛氏去世，作《伤往赋》《谪居悼往二首》悼念亡妻

815年，受诏回长安，三月作《元和十年自朗州承召至京戏赠看花诸君子》，由播州刺史改任连州刺史

817年，听闻李愬雪夜入蔡州，作《平蔡州三首》

819年，建吏隐亭。母亲卢氏去世，回乡守孝三年。挚友柳宗元去世，抚养柳宗元长子

821年，任夔州刺史，作《伤愚溪三首》、《竹枝词》组诗、《踏歌词四首》、《浪淘沙词九首》等

824年，调任和州刺史，沿途写下《西塞山怀古》《秋江晚泊》等诗，和州在任期间，留有《金陵五题》等

826年，奉诏回洛阳，任职于东都尚书省，途经扬州见白居易，作《酬乐天扬州初逢席上见赠》，二人同游扬州、楚州等地

827年，任主客郎中分司东都，在洛阳送别韩泰，作《洛中逢韩七中丞之吴兴口号五首》

828年，任主客郎中，返回长安，作《再游玄都观绝句》

829年，转礼部郎中，兼任集贤殿学士，送别令狐楚，作《同乐天送令狐相公赴东都留守》《和令狐相公别牡丹》

831年，任苏州刺史，途经洛阳，与李德裕、白居易等相聚，作《送李中丞赴楚州》《冬夜宴河中李相公中堂命筝歌送酒》《醉答乐天》等诗

834年，因在苏州赈灾有功，授紫金鱼袋。七月，改任汝州刺史

835年，改任同州刺史，途经洛阳，与裴度、白居易重逢唱和

836年，任职同州刺史，因同州旱灾，向朝廷请求赈贷，秋季迁太子宾客分司东都

837年，仍任太子宾客分司东都，患病

839年，仍任太子宾客分司东都，加尚书官衔

841年，加检校礼部尚书，兼太子宾客分司东都，与白居易、裴度等交游唱和，和白居易留有《刘白唱和集》

842年，洛阳病逝，追赠为兵部尚书，葬于荥阳

参考书目

[1][唐]刘禹锡，瞿蜕园笺证. 刘禹锡集笺证（上中下）[M]. 上海：上海古籍出版社，1989.

[2]陶敏，陶红雨. 刘禹锡全集编年校注 [M]. 北京：中华书局，2019.

[3][宋]欧阳修，宋祁撰. 新唐书 [M]. 北京：中华书局，1975.

[4][后晋]刘昫等. 旧唐书 [M]. 北京：中华书局，1975.

[5]梁守中. 刘禹锡集 [M]. 南京：凤凰出版社，2020.

[6]肖瑞峰，彭万隆. 刘禹锡白居易诗选评 [M] .上海：上海古籍出版社，2018.

[7]戴伟华. 刘禹锡研究（第一辑）[M]. 广州：暨南大学出版社，2017.

[8]卞敏. 江苏历代文化名人传·刘禹锡 [M]. 南京：江苏人民出版社，2018.

[9]孙琴安. 刘禹锡传 [M]. 上海：上海社会科学院出版社，2017.

[10]丁守卫. 刘禹锡：唱著君王自作词 [M]. 北京：中国文史出版社，2021.

[11][清]董诰等. 全唐文 [M]. 上海：上海古籍出版社，1990.

[12][宋]司马光. 资治通鉴 [M]. 北京：中华书局，2011.

[13][唐]冯贽. 云仙杂记 [M]. 北京：中华书局，1998.

[14][唐]韦绚撰，陶敏，陶红雨校注. 刘宾客嘉话录 [M]. 北京：中华书局，2019.

[15]王溥. 唐会要 [M]. 上海：上海古籍出版社，2006.

[16]白高来，白永彤.白居易、元稹、刘禹锡唱和诗编年集 [M]. 沈阳：白山出版社，2009.

[17]傅璇琮. 唐翰林学士传论 [M]. 沈阳：辽海出版社，2005.

[18]傅璇琮. 李德裕年谱 [M]. 北京：中华书局，2023.

[19]周浩. 牛僧孺及其时代 [M]. 上海：上海古籍出版社，2020.

[20]姚薇元. 北朝胡姓考 [M]. 北京：中华书局，2007.

[21]吴功正. 古文鉴赏辞典 [M]. 南京：江苏文艺出版社，1987.

[22][唐]赵元一. 奉天录（外三种）[M]. 北京：中华书局，2014.

[23][唐]韩愈. 韩愈全集 [M]. 上海：上海古籍出版社，1997.

[24][宋]王安石. 王临川集 [M]. 北京：商务印书馆，1934.

[25][唐]柳宗元. 柳河东集 [M]. 上海：上海古籍出版社，2008.

[26][宋]郭茂倩. 乐府诗集 [M]. 北京：中华书局，2017.

[27][清]卞宝弟，李瀚章等 [清] 曾国荃，郭嵩焘等纂.湖南通志[M].上海：上海古籍出版社，1990.

[28]吴楚材，吴调侯. 古文观止 [M]. 上海：上海古籍出版社，2016.

[29][清]彭定求. 全唐诗 [M]. 北京：中华书局，1985.

[30][明]江瓘. 名医类案 [M]. 北京：人民卫生出版社，2005.

[31][宋]计有功. 唐诗纪事 [M]. 上海：上海古籍出版社，2008.

[32]白居易撰，朱金城笺校. 白居易集笺校 [M]. 上海：上海古籍出版社，1988.

[33][宋]谢枋得. 谢注唐诗绝句 [M]. 杭州：浙江古籍出版社，1998.

[34][唐]李延寿. 南史 [M]. 北京：中华书局，1975.

[35][唐]孟启. 本事诗 [M]. 北京：中华书局，2014.

[36][唐]范摅撰，唐雯校笺. 云溪友议校笺 [M]. 北京：中华书局，2017.

[37][清]蘅塘退士. 唐诗三百首 [M]. 杭州：浙江古籍出版社，1988.

[38][清]沈德潜. 唐诗别裁集 [M]. 上海：上海古籍出版社，2013.

[39]古今图书集成理学汇编文学典 [M]. 北京：中华书局，1986.

[40][唐]房玄龄等. 晋书 [M]. 北京：中国社会科学出版社，2021.

[41][清]王夫之著，戴鸿森笺注. 姜斋诗话笺注 [M]. 上海：上海古籍出版社，2012.

[42]肖瑞峰. 论刘禹锡与牛僧孺的唱和诗 [J]. 浙江社会科学，2015（1）.

[43]肖瑞峰. 论刘禹锡与柳宗元的唱和诗 [J]. 浙江大学学报（人文社会科学版），2019，49（04）.

[44]赵建梅. 唐大和初至大中初的洛阳诗坛 —— 以晚年白居易为中心 [J]. 北京：中国社会科学院研究生院，2002.

[45]谢祥林. 白居易治水动因及机缘论考 [J]. 重庆：重庆邮电大学学报（社会科学版），2016，28（02）.

图书在版编目（CIP）数据

纵有疾风起，人生不言弃：刘禹锡传 / 胡狼拜月著 .--
北京：民主与建设出版社，2023.12
ISBN 978-7-5139-4401-4

Ⅰ．①纵…　Ⅱ．①胡…　Ⅲ．①刘禹锡（772-843）–
传记　Ⅳ．① K825.6

中国国家版本馆 CIP 数据核字（2023）第 202820 号

纵有疾风起，人生不言弃：刘禹锡传
ZONGYOU JIFENG QI RENSHENG BU YANQI LIU YUXI ZHUAN

著　　者	胡狼拜月	
责任编辑	顾客强	
封面设计	北京弘果文化传媒	
出版发行	民主与建设出版社有限责任公司	
电　　话	（010）59417747　59419778	
社　　址	北京市海淀区西三环中路 10 号望海楼 E 座 7 层	
邮　　编	100142	
印　　刷	环球东方（北京）印务有限公司	
版　　次	2023 年 12 月第 1 版	
印　　次	2024 年 1 月第 1 次印刷	
开　　本	880 毫米 ×1230 毫米　　1/32	
印　　张	8	
字　　数	217 千字	
书　　号	ISBN 978-7-5139-4401-4	
定　　价	46.00 元	

注：如有印、装质量问题，请与出版社联系。